사고와 표현 – 말하기

사고와 표현 – 말하기

명지대학교 방목기초교육대학

서 문

명지대학교의 '사고와 표현' 강좌는 공통교양과목에 해당하는 것으로 모든 학생들이 수강해야하는 강좌이다. '사고와 표현' 영역은 말하기 영역인 〈발표와 토의〉와 글쓰기 영역인 〈글쓰기〉로 구성되어있다. 이 책은 『사고와 표현 - 말하기』 편으로 〈발표와 토의〉 강의용 교재로 집필되었다. 그동안의 강의경험을 바탕으로 말하기 교육에 있어 가장 기본적인 사항들을 담아내려 노력하였다. 또한 현 시점에서 요구되는 사항들을 반영하여 담아내려 노력하였다.

말하기 · 듣기 교육의 중요성은 소통에 대한 사회적 필요성이 강조되고 있는 현 상황에서 또 다시 언급할 필요가 없다 판단된다. 중요한 것은 대학 강의의 현실적 조건들 안에서 무엇을, 어떻게 가르칠 것인가의 문제이다. 이 책이 말하기 교육의 작은 길잡이가 되어주기를 바라는 바이다.

2015년 11월 1일 집필진 일동

목 차

[일러두기]

본문의 서술 과정에서 인용한 예시, 예문의 원 저작자에 대해서는 '주석'과 '참고문헌'란을 통해 그 출처를 명시하였습니다. 그 외에 저희가 미처 저작권 여부를 확인하지 못한 채 사용한 예시, 예문이 있는 경우 출판사로 연락주시면 수정, 해결하도록 하겠습니다.

1. 의사소통

1.1. 의사소통이 어려운 이유

1.2. 효과적인 의사소통을 위하여

1 의사소통

인간이 사회를 구성하고 살아가는 데 필수불가결한 행위가 의사소통이다. 『표준국어대사전』에 따르면 의사소통은 "가지고 있는 생각이나 뜻이 서로 통함"이라는 뜻을 지닌다. 사회 구성원들이 각자의 생각이나 뜻을 서로 소통함으로써 비로소 사회가 유지될 수 있으므로 의사소통은 인간과 사회의 존립에 기본적 요소이며 인간에게 매우 중요한 활동이라고 할 수 있다. 따라서 의사소통에 대해 올바르게 이해하고 의사소통의 효율적 방법을 습득하는 것이 필요하다.

의사소통은 영어로 communication인데 이 말은 원래 라틴어 communis에서 유래하였다. 라틴어 communis는 '공통(common)' 또는 '공유하다(share)'라는 의미를 지닌 말이다. 따라서 communication은 둘 또는 그 이상의 사람들이 서로의 정보, 지식, 경험, 사상, 신념, 감정 등을 공통으로 갖는다(공유한다)는 뜻을 지닌다. communication의 어원에 포함되어 있듯 인간은 삶을 영위하고 발전시키기 위해 서로의 지식과 감정을 공유할 필요가 있었다. 즉 의사소통을 통해 대인관계를 원만하게 유지하기도 했으며 진리와 지식을 전승하기도 했고 직장 생활을 영위하기도 했으며 사랑과 우정을 나누기도 했던 것이다. 그러므로 의사소통에 대한 다양한 양상, 예를 들어 어떻게 의사소통을 해야 좋은지, 의사소통에서 무엇을 중점에 두어야 좋은지 등을 살펴보는 것은 본격적인 사회생활을 해나가는 데 중요한 역할을 할 것이다.

커뮤니케이션이란 무엇인가에 대한 정의는 무수히 많다. 그중 몇 가지를 살펴보면 다음과 같다.[1)]

- 피스크 (Fiske): 커뮤니케이션이란 사회적 상호작용(social interaction)이다.
- 핸스 (Kenneth G. Hance) 외: 의사소통이란 본래의 의미에 근접한 의미를 청자에게 전달하는 과정이다. 자신의 지식이나 관심, 태도, 의견, 생각을 다른 사람과 공유할 수 있게 시도하는 과정이다.
- 매크로스키 (James C. McCroskey): 의사소통이란 어떤 사람이 전언이라는 수단을 이용하여 다른 사람의 마음에 의미가 떠오르도록 자극을 주는 과정이다.
- 유기현: 의사소통이란 의사를 소통하고 정보를 교환하며 감정을 이입시키는 행위의 수단이다.

위의 예들을 살펴보면 의사소통에 대한 통일된 정의가 아직까지 정립되지 않았다는 것을 알 수 있다. 그렇다면 우리가 의사소통을 하기 위해서는 어떤 요소가 필요할까? 우선 말하는 사람과 듣는 사람이 필요할 것이며, 말하는 사람과 듣는 사람 사이에 오고 가는 메시지가 필요할 것이다. 의사소통의 구성 요소는 의사소통 모델에 따라 차이가 있는데 우선 라스웰(Lasswell)의 다음 문장을 통해 의사소통의 다섯 가지 구성 요소에 대하여 알아보자.

Who says what to whom in which channel with what effect?
누가 무엇을 누구에게 어느 경로로 어떤 효과를 가지며 말하는가?

위의 문장에서 찾아낼 수 있는 의사소통의 다섯 가지 요소들은 다음

---

1) 임영환 외, 『화법의 이론과 실제』, 집문당, 2000, 39쪽 이하 참조.

과 같다.

Who?	Says what?	To whom?	In which channel?	With what effect?
발신자	메시지	수신자	경로	효과

발신자는 메시지를 전달하는 주체이며 수신자는 발신자의 메시지를 받는 대상이다. 메시지는 발신자가 수신자에게 전달하는 내용인데 기호의 형식으로 전달된다. 경로는 발신자가 수신자에게 메시지를 전달하는 수단인데 음성이나 글뿐만 아니라 몸짓, 얼굴 표정 등도 경로가 된다. 효과는 발신자가 메시지를 전달함으로써 얻고자 한 반응을 뜻한다. 메시지를 전달함으로써 수신자의 태도나 행동이 발신자의 의도대로 변화했다면 긍정적 효과를 얻게 된 것이다.

의사소통은 그것이 소통이라는 것을 전제로 삼은 이상 발신자와 수신자 사이에 상호작용이 일어날 것을 예상할 수 있다. 피어슨, 넬슨, 마이어스는 의사소통의 작용 양상에 대하여 정리한 바 있는데 이는 발신자와 수신자 사이에 일어나는 상호작용의 성격을 이해하는 데 도움이 된다.

황소의 눈 이론	S → R	action	작용으로서의 의사소통
핑퐁 이론	S ⇄ R	interaction	상호작용으로서의 의사소통
나선 이론	SR ↔ SR	transaction	상호교섭으로서의 의사소통

(S: sender-송신자, R: receiver-수신자)

S는 sender, 즉 메시지의 송신자(발신자)를 뜻하고 R는 receiver, 즉 수신자를 뜻한다. '→'는 메시지의 작용 방향이다. 황소의 눈 이론은 송

신자가 수신자에게 메시지를 보내는, 한 방향의 작용에 대해서 주목하는 이론이다. 황소의 눈은 화살이 닿는 과녁의 모양인데 그 과녁에 화살을 쏘는 것처럼 의사소통이 하나의 방향으로만 작용하는 것으로 이해한다. 또 의사소통이 잘 이루어지기 위해서는 활을 쏘는 사람이 잘 쏘아야 화살이 과녁에 정확하게 꽂히듯이, 송신자가 정확하게 의미를 만들고 전달해야 한다고 보는 이론이다.

핑퐁 이론은 탁구에서 탁구공이 오가는 상황처럼, 송신자가 메시지를 보내면 이를 받아 수신자가 다시 메시지를 보내는 것으로 의사소통을 이해하는 이론이다. 황소의 눈 이론이 송신자가 수신자에게 보내는 방향 하나에만 주목한 이론이라면, 핑퐁 이론은 송신자가 보내는 방향과 수신자가 보내는 방향 모두에 주목하기 때문에 의사소통의 상호작용에 관심을 두는 이론이다. 나선 이론은 송신자와 수신자의 양방향에서 발생하는 의사소통의 상호작용에 주목한다는 점에서는 핑퐁 이론과 유사하다. 그러나 핑퐁 이론은 송신자(S)와 수신자(R)가 명확하게 구분되며 상호작용이 송신자가 한 번 메시지를 보내면 이에 반응하여 수신자가 한 번 반응하고 다시 이에 반응하여 송신자가 반응하는, 직선적인 상호작용 양상을 보인다고 이해한다. 이에 비해 나선이론은 실제 대화에서는 송신자와 수신자가 명확하게 구분되는 것이 아니므로 송신자(S)와 수신자(R)를 함께 묶어(SR) 다루어야 하는 것으로 이해한다. 또 의사소통의 상호작용도 실제 상황에서는 송신자가 한 번 메시지를 보내면 이에 반응하여 수신자가 한 번 반응하는 양상이 아니라, 송신자(정확하게는 송수신자)의 메시지가 전달되는 도중에 수신자(정확하게는 송수신자)의 반응이 일어나기도 하며, 수신자의 반응이 마무리되기 전에 송신자의 메시지가 다시 시작되는 양상으로 나타나기도 하는 것으로 본다. 때로는 여러 명의 송수신자가 명확하게 송신자와 수신자를 구분할 수도 없으며 전달과 반응도 구분할 수 없는 양상을 보인다고도 한다. 이처럼 나선이론에서는 의사소통이 송수신자, 작용의 방향, 패턴 등의 측면에서 나선형처럼 훨씬 복잡하게 상호 교섭하는 양상으로 나타난다고 이해한다.[2)]

1.1. 의사소통이 어려운 이유

누구나 한번쯤은 자신이 말하고자 했던 의미가 듣는 이에게 정확하게 전달되지 않아 고민했던 경험이 있을 것이다. '내가 하고 싶은 말은 이게 아닌데…….' 하며 답답했을 것이다. 이와는 다르게 상대방이 무슨 말을 하고자 하는지 정확하게 이해하기 힘들어 한 경험도 있을 것이다. '도대체 무슨 말을 하고 싶어 하는 거야.'라고 혼자 마음속으로 불만을 품으며 말하는 이의 의도를 정확하게 파악하지 못해 곤란을 겪은 적도 있을 것이다. 이처럼 의사소통의 상황에서 뜻하지 않게 어려움을 겪는 일이 있는데 이런 일은 왜 생기는 것일까?

앞으로의 서술에서 자세하게 다루겠지만 여기에서 간단하게만 언급해 둔다면, 의사소통에서 의미와 관념을 기호화하고 또 기호화된 의미와 관념을 해석하는 데 정확성이 결여되기 때문이라고 할 수 있다. 의사소통에서 말하는 이가 원래 전달하고자 하는 것은 자기 머릿속의 의미와 관념이다. 말하는 이 머릿속의 의미와 관념은 그대로 듣는 이에게 전달될

2) 김복순, 『(개정신판)발표와 토의』, 보고사, 2011, 13~14쪽 참조.

수 없기 때문에 일정한 기호로 바뀐다. 이 기호는 듣는 이에게 전달되는데 듣는 이는 전달 받은 기호를 다시 자기 나름대로의 의미와 관념으로 해석하는 과정을 거친다. 이와 같은 의사소통의 과정에서 실제로 전달하고 전달된 것은 기호이지 원래의 의미와 관념은 아니라는 점이 정확성을 떨어트리게 하는 요인이 된다. 말하는 이는 자신이 말하고자 하는 의미와 관념을 기호화하면서 정확하지 않은 기호로 옮길 수 있다. 그랬을 때 '내가 하고 싶은 말은 정확히는 이게 아닌데…….'라는 고민을 하게 된다. 그리고 이와 다르게 듣는 이는 자기의 경험 영역 안에서 기호의 의미를 해석하게 되므로 말하는 이의 경험 영역과 듣는 이의 경험 영역이 다르다면 기호를 다르게 해석할 수밖에 없게 될 것이다.

	미국	영국
napkin	식사 때 무릎에 놓는 천	기저귀
dear	아끼고 사랑하는 사람을 부르는 말	값비싼

위의 사례는 미국과 영국에서 동일한 기호를 사용하지만 다른 의미를 지닌 어휘를 보인 것이다.[3] 미국인 화자와 영국인 화자가 'napkin'을 포함한 대화를 한다면 서로의 머릿속에 다른 의미를 환기할 테니 의사소통에 어려움을 겪게 될 것이다. 이처럼 명확한 예를 차치하고라도 기호 안에 담긴 의미는 개인에 따라 다르게 해석될 여지가 많기 때문에 의사소통은 기본적으로 100% 정확하기가 힘들다.

의사소통의 어려움은 메시지의 전송과 수신의 과정에서만 발생하지는 않는다. 앞에서 의사소통의 요소에 대하여 살펴보았지만 의사소통 상황

3) 오미영 · 정인숙, 『커뮤니케이션 핵심이론』, 커뮤니케이션북스, 2005, 17쪽.

에 관여하는 다른 요소에서도 어려움은 발생할 수 있다. 앞으로 의사소통 모델에 대한 이론을 점검하며 의사소통이 어려운 이유에 대하여 접근하도록 한다. 효과적인 의사소통의 방법을 파악하기 위해 먼저 의사소통이 어려운 이유에 대하여 살펴보는 것이 유용하기 때문이다. 문제점을 정확하게 진단해야 그에 대한 해결방법을 쉽게 찾기 마련인 이유에서이다.

의사소통의 과정 중에서 핵심적인 요소만을 추려 도식화 해보면 어떤 방식으로 의사소통이 이루어지는지 명확하게 파악할 수 있다. 그런데 이 핵심적인 요소들이 어떤 메커니즘으로 작동하는지를 설명하다 보면 의사소통의 어려움이 왜 발생하는지를 쉽게 이해할 수 있다. 아래 그림은 의사소통이 이루어지는 과정을 간략하게 도식화한 것인데 중요한 개념은 기호화 작업(Encoding), 경로(Channel), 기호 해독(Decoding), 반응(Feedback)의 넷이다.

기호화 작업(Encoding)은 발신자가 전달하고자 하는 사물이나 관념을 코드(code)로 만들기, 즉 기호로 만드는 작업이다. 대낮에 하늘에 떠 있는 둥글며 밝은 사물은 '해'라는 언어 기호가 된다. 바나나를 먹으며 입 안에서 느껴지는 물리적 감각은 '달콤하다'라는 언어 기호가 된다. 언어만 기호인 것은 아니다. '1, 2, 3'이라는 수(數)도 기호이고 '±×÷Σ'와 같은 수식도 기호이며 '♩♪♬'와 같은 음표도 기호이다. 이와 같이 다양한 방식으로 사물이나 관념을 기호화 할 수 있는데 언어는 인간이 가장 일반적으로 사용하는 기호화 방식이다. 언어가 사람들이 일반적으로 사용하는 기호화 방식이기는 하지만, 사람들이 나타내려고 하는 것을 100% 정확하게 기호화 하지는 못한다. 유형의 사물은 비교적 정확하게 기호화 할 수 있지만 머릿속 관념이나 감각 등은 사물만큼 정확하게 기호화 하지 못한다. 처음으로 먹어본 과일 맛을 정확하게 언어로 표현하기 힘들었던 경험이 이에 해당한다. 이미 의사소통의 첫 번째 과정인 기호화 작업 과정에서 우리의 생각을 제대로 전달하는 데 어려움을 겪게 되는 것이다.

기호화 작업을 통해 기호, 즉 언어로 형상화된 생각을 우리는 어떤 경로(Channel)를 통해 전달한다. 경로는 기호가 이동하는 통로, 혹은 기호를 전달하는 매체이다. 직접 보고 음성으로 전달할 수도 있고, 편지를 쓸 수도 있으며, 전화로 대화할 수도 있다. 현대에는 메시지를 전달하는 경로가 다양해졌는데 라디오, TV, 컴퓨터, 스마트폰 등 디지털 기기의 발달과 함께 지속적으로 새로운 경로가 등장하고 있다. 새로운 경로의 등장과 함께 손쉽고 빨리 메시지를 전달하기 위해 기호를 새롭게 만들어 사용하거나 기존의 기호를 변형해서 사용하는 것을 볼 수 있다. 또 단순하게 문자기호만 전달하면 수신자가 딱딱한 느낌을 받을까 봐 메시지에 어울리는 감정 이모티콘을 덧붙여 전달하기도 한다. 이와 같은 변화는 경로의 변화가 기호의 변화까지 불러일으킬 만큼 중요한 요소가 된 시대라는 점을 반영한다.

이렇게 경로를 통해 전달받은 기호를 수신자는 기호 해독(Decoding)하는 작업을 한다. 수신자가 실제로 들은 것은 발신자의 생각이 아니라 발신자가 표현한 기호이다. 그러므로 수신자는 전해들은 기호를 자신의 머릿속에서 해독하는 작업을 하는 것이다. 같은 기호라도 사람에 따라 기호 해독은 달라질 수 있다. 사람들은 자신의 경험이나 환경에 비추어 기호를 풀기 때문이다. 앞에서 'napkin'의 예를 들었지만 우리말에서도 이러한 예를 찾을 수 있다. '단골'은 일반적으로는 '늘 정하여 놓고 거래를 하는 손님'을 의미하지만 전라도 지역에서는 '단골무당', 즉 '굿할 때마다 늘 정하여 놓고 불러 쓰는 무당'을 의미한다. 다른 지역에서는 무당을 찾아오는 사람이 단골이지만 전라도 지역에서는 무당이 단골이 되는 셈이다. 지역적 차이에 따라 기호 해독이 달라지는 경우이다. 시간의 변화까지 고려한다면 이러한 예는 더 많이 찾을 수 있다. '일하다'라는 말은 서구 고대 노예제에서는 말하는 도구인 노예가 채찍과 족쇄, 제도 등에 의해 강제로 주인의 명령에 따르는 것을 뜻했다고 한다. 물론 일한 대가는 아무것도 주어지지 않았다고 한다. 그런데 자본주의 사회에서는 우리가 지금 알고 있는 것처럼, 일의 당사자가 사장과 계약을 맺고 그 계약에 따라 자의로 행하는 것이라는 의미로 바뀌었다.[4] 이와 같이 우리가 똑같은 이야기를 듣고도 다르게 이해하는 것은 발신자와 수신자의 경험이나 환경 등의 차이에서 비롯된다.

수신자는 기호 해독 작업을 거쳐 자기 나름대로 이해한 후, 발신자에게 자신이 이해했음을, 아니면 이해하지 못했음을 반응(Feedback)해 준다. 의사소통이 지속적으로 이루어지기 위해서는 전달된 메시지에 대한 적절한 반응이 뒤따라야 한다. "오늘 배운 물리학 이론은 이해하기가 너무 어려운데요."라는 학생의 메시지에 "그럼 다시 한 번 복습해 보자. 어떤 부분이 특히 어렵니?"와 같은 선생님의 말이 뒤따라야 의사소통이 지속적으로 진행될 것이다. 의사소통은 메시지의 단순한 전달 행위가 아니라 메시지를 공유(共有)하는 것이라고 했는데 반응은 그것을 확인하는

4) 이진경, 『철학과 굴뚝청소부』, 그린비, 2005(개정2판), 301쪽.

것이 된다.

우리의 생각을 하나의 기호로 100% 정확하게 표현하기는 힘들다. 의사소통은 기호화 작업, 경로를 통한 기호의 전달, 기호 해독, 반응 등의 과정이 연속적으로 반복되며 진행되는 것인데, 각각의 과정마다 불명확하게 진행되는 경우가 생겨 의사소통에 어려움을 겪게 된다. 화법학자들은 생각이 100이라면 우리가 최대한으로 표현할 수 있는 것은 그것의 60% 정도라고 한다. 그리고 이렇게 전달된 기호를 해독할 때 수신자는 그것을 100% 받아들이지 못한다. 수신자는 주어진 기호를 50% 정도 이해할 수 있다고 한다. 그렇다면 이 과정을 종합하여 계산해 보면 100% × 60% × 50% = 30%로, 일반적인 의사소통의 경우 수신자는 최초 개념의 30% 정도를 이해하게 된다.[5] 앞의 그림에서 볼 수 있듯이 한 가지 개념이 기호화되면서, 경로를 통과하면서, 그리고 해독되면서 본래 개념의 많은 부분들이 왜곡되거나 전달되지 못하기 때문이다. 우리가 의사소통에서 어려움을 겪는 이유가 바로 여기에 있다. 최초 발신자의 생각이 의사소통의 각 단계를 거치면서 왜곡되거나 전달되지 못하기 때문에 의사소통에서 어려움을 겪게 되는 것이다. 따라서 각 단계에서 왜곡되거나 단절될 수 있는 요인을 제거하거나 최소화한다면 발신자의 생각이 수신자에게 정확하게 전달될 수 있을 것이다.

로만 야콥슨(Roman Jakobson)의 의사소통 모델을 통해서도 의사소통이 어려움을 겪게 되는 이유를 파악할 수 있다. 먼저 로만 야콥슨의 의사소통 모델에 대해 살펴보도록 한다. 기호학자인 로만 야콥슨은 의사소통의 구성요소를 다음과 같은 도식을 통해 설명하고 있다.

---

5) 장혜영, 『발표와 토의』, 커뮤니케이션북스, 2012(개정판), 5~6쪽.

관련 상황(context)/지시 대상(referent)
메시지(message)
발신자(addresser) ———————————————————— 수신자(addressee)
접촉(contact)
약호 체계(code)

야콥슨은 어떤 의사소통의 상황에서도 위의 여섯 가지 요소가 나타난다고 하였다.[6] 발신자는 수신자에게 메시지를 보내며 이 메시지가 전달되기 위해서는 메시지가 지칭하는 관련 상황(다시 말해 지시 대상)이 요구되는데, 이것은 수신자가 이해할 수 있는 것이어야 하고 언어라는 형식을 취하거나 언어화될 수 있는 것이어야 한다고 하였다. 메시지가 지칭하는 관련 상황, 즉 지시된 상황(context referred)이 요구된다는 말은, 관련 상황에 따라 지시 대상의 함의가 달라질 수 있기 때문에 메시지가 지시하는 상황까지 알아야 정확한 의미의 송수신이 이루어진다는 것이다. 발신자가 "나는 소[牛] 안 좋아해."라는 말을 했다고 가정해 보자. 이때의 '소'가 동물로서의 소인지 음식으로서의 쇠고기인지는 관련 상황까지 제시되어야 정확하게 파악할 수 있을 것이다.

그리고 발신자와 수신자에게 완전하게 공통적인, 그렇지는 않더라도 적어도 부분적으로는 공통적인 약호 체계가 필요하며 마지막으로 발신자와 수신자 사이에 물리적 회로 및 심리적 연결이 되는 접촉이 있어야 양자가 의사소통을 시작하고 지속할 수 있게 된다고 하였다. 공통적인 약호 체계가 필요하다는 것은 발신자가 전달하려는 의미를 기호화 하고

6) 로만 야콥슨, 『문학 속의 언어학』, 신문수 편역, 문학과지성사, 1989, 54~55쪽 참조.

(encoding) 또 이미 기호화된 의미를 해독하여(decoding) 공유하기 위해서는 서로 간에 공통적인 약호 체계에 기반을 두고 있어야 한다는 의미이다. 한국어로 의사소통을 하는 경우에는 한국어 문법 체계라는 공통적인 약호 체계에 기반을 두고 있어야 하는 것이다. 접촉은 발신자와 수신자 사이가 어떤 물리적 수단을 통해서 연결되어야, 그리고 심리적으로도 연계되어야 비로소 의사소통이 가능하며 또 지속된다는 점을 말해 준다.

로만 야콥슨은 이상의 여섯 가지의 의사소통의 요소가 각각의 언어 기능을 갖게 된다고 하였는데 아래는 그것을 도식화 한 것이다.

지시적 기능
시적 기능
감정 표시적 기능 ------------------------ 능동적 기능
친교적 기능
메타 언어적 기능

사람들은 발신자 자신의 감정이나 생각을 표현하기 위해 의사소통을 하기도 하는데 의사소통의 이러한 기능이 감정 표시적 기능 혹은 표현적 기능이다. 화가 나서 지르는 고함이나 놀라움, 기쁨 때문에 지르는 탄성 등이 이에 해당한다. 표현적 기능의 대표적 표지는 “오!”, “아야!”와 같은 감탄사나 장음과 단음 사이의 차이이다.[7] “자~알 놀고 있네.”는 화자의 비아냥거리는 감정 상태를 담고 있는 말이다. 아이들이 사이좋게 노는

7) 올리비에 르불, 『언어와 이데올로기』, 홍재성 · 권오룡 옮김, 역사비평사, 1995(3판), 54~55쪽.

모습을 보며 엄마가 칭찬으로 짧게 "잘 놀고 있네."라고 말한 것과 비교하면 장단음의 차이를 이용하여 발신자의 감정이 드러난다는 점을 확인할 수 있다. 러시아 배우인 스타니슬라브스키가 '오늘 밤'이라는 말로 40가지 정도의 서로 다른 감정을 표현했다는 것은 유명하다.

지시 대상이 의사소통의 초점이 되었을 경우, 즉 어떤 정보를 알려주기 위해 의사소통을 했을 경우는 지시적 기능에 해당한다. 외연적 기능, 인지적 기능이라고도 하며, "그는 어제 자동차를 운전했다."와 같은 사실에 대한 진술로 표현된다. 다른 기능과는 다르게, 표현된 진술이 참인지 거짓인지를 물을 수 있다. 시적 기능은 메시지 자체가 초점이 되었을 때의 기능이다. 메시지 자체가 초점이 되었다는 것은, 메시지가 그것이 지시하는 대상과 상관없이 자기 자신을 드러내는 것이 곧 목적이 되었다는 것을 뜻한다. 두운이나 각운과 같은 운율 맞추기는 정보 전달 등 언어의 다른 기능과는 상관없이 메시지 자체를 드러냄으로써 미적 효과를 창출하는 것이 목적인 의사소통이다.

친교적 기능은 접촉에 초점을 맞춘 기능이다. 접촉을 지속하기 위한 목적이거나 반대로 그만두는 데 목적을 두는 의사소통의 기능이다. "식사하셨어요?", "어젯밤에는 잘 주무셨어요?"와 같은 말은 실제로 수신자가 그러한 행동을 했는지를 묻는 것이 아니라 접촉을 지속하기 위한 말이다. 통화하고 싶지 않은 텔레마케팅 전화가 왔을 때 "바빠서 통화하기 힘드네요. 다음에 전화하세요"라고 말하는 것은 접촉을 그만두기 위한 말이다.

메타언어는 어떤 언어를 기술하거나 분석하는 데 쓰는 말로 상위 언어라고 할 수 있다. 대상에 대하여 설명하는 말이나 정의하는 말 등이 이에 해당한다. 의사소통에서 약호 체계에 초점을 맞추는 경우, 메타 언어적 기능에 해당한다. 예를 들어 사랑을 '남녀 간에 그리워하거나 좋아하는 마음'으로 정의하는 경우와 같은 것이다. 마지막으로 능동적 기능이란 수신자를 초점에 두는 것으로, 수신자의 행동을 촉구하는 것이 목적인 말이다. 호격이나 명령형에 의해 실현된다.

지금까지 로만 야콥슨 모델에 대하여, 의사소통의 구성 요소에 따라 그 기능이 다르게 구현된다는 점을 살폈다. 그런데 하나의 말이 단지 하나의 기능만을 지니는 경우는 드물며 여러 가지 기능이 복합되어 나타난다.[8] 김소월의 〈진달래꽃〉에서 "나 보기가 역겨워 가실 때에는 말 없이 고이 보내드리오리다."라는 구절은, 7·5조의 율격을 통해 시적 기능을 지니고 있을 뿐만 아니라 임과의 이별로 인한 발화자의 슬픔을 표출하는 감정 표시적 기능을 동시에 지니고 있기도 한 것이다. 하나의 말이 여러 가지의 기능을 지니고 있지만 이 기능들이 동일한 비중을 지니는 것은 아니며 우세한 기능이 따로 존재한다. 위의 예는 시적 기능이 더 우세하다고 하겠다.

로만 야콥슨의 모델은 의사소통의 다양한 요소가 복합적으로 작용하여 비로소 의미가 생성된다는 점을 말해준다. '문(門)'이라는 기호는 사람들이 드나들기 위해 만든 사물이라는 의미를 지닐 뿐이지만 어떤 관련 상황에서 표현되었느냐에 따라 다양한 의미를 지닐 수 있다. 매우 더운 사무실에서 사장이 부하 직원에게 문을 가리키며 "문"이라고 했을 때는 "너무 더우니 문을 열어라."라는 의미가 될 것이다. 반대로 매우 추운 사무실에서 "문"이라고 했을 때는 "너무 추우니 문을 닫아라."라는 반대의 의미가 될 것이다. 위급한 상황에서 환자를 옮기는 구급대원이 "문"이라고 했을 때는 "환자를 옮길 수 있게 닫혀 있는 문을 열어라."라는 의미가

8) 같은 책, 59쪽.

될 것이다. 이렇듯 '문'이라는 기호는 어떤 관련 상황에서 발화되었느냐에 따라 다양한 의미를 갖게 되는데, 이 말은 결국 관련 상황이라는 의사소통의 요소가 의미 생성에 중요한 역할을 담당한다는 뜻이 된다.

따라서 의사소통이 정확하게 이루어지기 위해서는 관련 상황, 접촉, 약호 체계 등 의사소통에 관여하는 모든 요소가 정확하게 작동해야 한다. 어느 한 요소라도 부정확하게 작동하거나, 혹은 작동하지 않는다면 의사소통에 어려움을 일으키게 된다. 에어컨도 없이 매우 더운 사무실에서 회의를 하고 있는 상황에서 사장이 부하 직원에게 "문"이라는 말을 했는데 부하 직원이 문을 닫았다면, 부하 직원(수신자)은 관련 상황을 잘못 파악하여 발화자(사장)가 전달하고자 한 최초의 생각을 올바르게 전달 받지 못한 것이고 결국 의사소통의 어려움을 겪게 된 것이다. 이렇듯 의사소통은 단지 보내고 받는 실제 메시지에만 국한하여 이루어지지 않는다. 관련 상황, 접촉, 약호 체계 등 의사소통에 관여하는 모든 요소가 정확하게 작동해야 올바른 의사소통이 이루어진다.

1.2. 효과적인 의사소통을 위하여

의사소통이 어려운 이유는 기호화 과정, 그것의 해독 과정 등에서 전달하고자 한 관념이 왜곡되거나, 관련상황, 접촉, 약호 체계 등이 정상적으로 작동하지 않기 때문이라는 점에 대해 살폈다. 이렇듯 어려운 의사소통을 조금이라도 원활하게 수행하기 위해서는 의사소통의 각각의 요소에 대해 좀 더 자세히 알아보고, 그 요소를 무리 없이 수행할 줄 알아야 할 것이다. 여기서는 의사소통의 요소 중 말하기와 듣기, 피드백에 대해 좀 더 자세히 살펴보겠다. 그뿐만 아니라 언어 메시지와 비언어 메시지, 설득적 말하기에 대해서도 자세히 고찰할 것이다.

1.2.1. 말하기

말하기는 화자의 생각이나 감정을 음성적 기호를 통해 나타내는 행위이다. 말하기의 주체가 몇인가에 따라 혼자 말하기, 여럿이서 말하기 등으로 구분할 수도 있으며, 말하기의 목적에 따라 설득적 말하기, 설명적 말하기, 보고적 말하기, 친교적 말하기 등으로 구분할 수도 있다. 이 밖에 다양한 기준에 따라 말하기의 유형은 달라질 것이다. 말하기의 유형과 성격에 따라 중점을 두어야 할 내용은 달라져야 할 텐데 여기에서는 일반적으로 말하기를 할 때 알아야 할 사항을 중심으로 살펴보고자 한다.

우선 효과적으로 말하기 위해서는 적절성, 효율성, 공손성의 원리에 따라야 한다.[9] 적절성이란 화자가 적절한 인격과 지식을 갖추고 있어야 청자가 메시지에 대하여 신뢰할 수 있다는 것이다. 화자가 인격과 지식에 문제가 있다면 청자는 화자의 메시지를 신뢰하지 않을 것이며 의사소통에 장애가 생긴다. 효율성이란 메시지를 효율적으로, 즉 경제적으로 표현해야 한다는 것이다. 맛있는 사과를 전해주면서 아무 말 없이 줄 수도 있으며, "자.", "먹어.", "먹어봐", "한번 먹어봐.", "이것 드세요.", "이 사과 드세요", "이 사과 한번 드셔보세요.", "사과가 맛있어요. 이거 한번 드셔보세요." 등 다양하게 표현할 수 있는데 효율성의 측면에서는 가능한 한 짧게 말하고 메시지를 전달하는 것이 좋은 것이다. 전하려는 메시

9) 김복순, 앞의 책, 35~38쪽.

지의 양이나 화자와 청자 사이의 관계 등에 따라 효율성은 달라진다. 공손성은 화자와 청자의 관계에 알맞게 공손하게 말해야 한다는 것이다. 청자가 어른이라면 "이 사과 드세요."라고 해야 하며, 친구라면 "이 사과 먹어봐."라고 할 수 있다. 그런데 효율성과 공손성이 충돌하는 상황이 생길 수 있다. 청자가 어른인데도 효율성을 따져 (사과를 내밀며) "자." 라고만 말하고 사과를 건넸다면 공손성을 해쳐 다음의 의사소통에 문제를 일으킬 수도 있다. 물론 어른이라 하더라도 친소관계에 따라 표현이 달라지겠지만 대화의 진행에 문제가 없도록 효율성과 공손성을 지켜야 한다. 다음에 소개할 내용은 의사소통 시 효과적으로 말하기 위한 세 가지 실천적 방안이다.

1) 긴장감을 인정하고 말하기

기준에 따라 말하기의 유형이 다양하게 나뉜다고 했는데 사적 말하기와 공적 말하기도 그 한 유형이 된다. 사적 말하기는 사적인 상황에서 말하는 것으로 가족, 친구, 연인 사이에 일상 생활에서 오고가는 대화 같은 것을 말한다. 공적 말하기는 공적인 상황에서 말하는 것으로 강의에서의 발표 혹은 토의, 토론, 연설 등이 이에 해당한다. 사적 말하기에서도 말하는 데 주저하는 경우가 있지만 대부분은 공적 말하기의 상황에서 어려움을 느끼는 경우가 많다. 어려움을 느끼는 주된 이유는 긴장하기 때문이다. 학생들이 가장 많이 하는 질문도 "말할 때 떨리는데 어떻게 하면 안 떨 수 있나요?"라고 한다.[10] 이처럼 말할 때 긴장하는 것을 발표공포증, 발표불안증, 연단공포증, 무대공포증이라고 한다. 다음 표

10) 장혜영, 앞의 책, 10쪽.

는 자신이 얼마나 발표공포증이 있는지를 진단하는 방법이다.[11]

진단 항목	매우 그렇다 1점	그렇다 2점	중간이다 3점	그렇지 않다 4점	전혀 그렇지 않다 5점
1. 발표에 대한 불안감이 없다.					
2. 발표 준비를 즐긴다.					
3. 발표하는 것이 기다려진다.					
4. 발표 직전에는 불안하지만 시작하고 나면 편안해진다.					
5. 발표할 때 긴장감과 스트레스를 통제할 줄 안다.					
6. 발표 후 즐거운 경험을 했다고 느낀다.					
7. 발표를 해야 한다는 것을 아는 순간부터 불안해진다.					
8. 발표 전날 밤 잠들기가 어렵다.					
9. 발표 당일 아침에 매우 긴장된다.					
10. 발표 직전, 순서를 기다릴 때 매우 불안하다.					
11. 발표를 막 시작할 때 가슴이 빨리 뛴다.					
12. 발표할 때 손발이 떨린다.					
13. 발표 주제에 대해 내가 모르는 것을 질문할까 봐 걱정한다.					
14. 발표할 때 시간이 얼마 남지 않았음을 알면 불안해진다.					

11) 김상희 외 6인, 『문제 해결과 의사소통』, 가톨릭대학교 출판부, 2007, 92~93쪽.

15. 발표 도중 실수를 하면 나머지 발표에 집중하기 어렵다.					
16. 발표하는 동안 너무 긴장해서 내가 알고 있는 내용을 잊는다.					
17. 발표가 끝난 후에도 여전히 걱정이 된다.					

- 1단계: 진단 항목에 따라 자신의 점수를 기록한다.
- 2단계: 1~6번 점수를 더한다.
- 3단계: 7~17번 점수를 더한다.
- 4단계(개인별 총점): 66점 - 3단계의 총점(7~17번 총점) + 2단계의 총점(1~6번 총점)

다음은 4단계의 개인별 총점의 결과이다.

- 60~85점: 발표불안증이 심하다.
- 56~59점: 발표불안증이 조금 심하다.
- 47~55점: 발표불안증이 보통이다.
- 43~46점: 발표불안증이 조금 있다.
- 17~42점: 발표불안증이 거의 없다.

지금까지 발표불안증의 진단 방법에 대하여 살펴 보았다. 개인에 따라 차이가 있지만 발표에 대한 불안이 조금씩은 있게 마련이다. 이를 극복하는 방법 중의 하나는 자신이 긴장하고 있다는 것을 인정하는 것이다. 다소 역설적일 수는 있지만 억지로 '긴장하지 말아야지.'라고 생각하기보다는 '누구나 긴장하게 마련이야. 그러니까 내가 긴장하는 것도 당연한 거야.'라고 생각하면 오히려 긴장감이 줄어든다는 것이다. 긴장감은 말하기의 방해 요인이 아니라 오히려 유익한 요인일 수 있다고 한다. 말하는 사람이 전혀 긴장감 없이 이야기한다면 전달력이 떨어지기 때문이라는 것이다.[12] 긴장이 되더라도, 자신이 긴장하고 있다는 것을 인정하고 솔직한 상태에서 발표하자.

2) 자신감 있게 말하기

말하기에서 또 중요한 것은 자신감 있는 태도이다. 자신감 있는 태도로 말하면 같은 내용을 전달하더라도 청자에게 훨씬 깊이 있게 각인될 수 있다. 이를 반대로 생각하면 같은 내용이더라도 자신감 없이 말하면 청자가 그 내용을 의미 없는 것, 신뢰하기 힘든 것으로 받아들인다는 뜻이다. 이는 발표 시 청중들이 발표자의 이야기 내용보다는 전달되는 과정에 더 영향을 받기 때문이다.[13] 화자 스스로 자신감 없이 말하는 메시지를 청자가 가치 있는, 들을 만한 메시지로 생각하기는 어려울 것이다. 메시지를 일단 충실하게 준비하는 과정이 전제되어야 하겠지만, 이렇게 열심히 준비한 것을 전달하는 데 화자가 먼저 주저하게 된다면 도대체 누가 그 메시지를 가치 있는 것으로 신뢰해 주겠는가? 자기가 말하는 메시지가 이 세상 무엇보다도 가치가 있는 것이며, 자기가 전달하는 방법이 이 세상 무엇보다도 효율적으로 전달하는 방법이라는 자신감을 지니고 말하기에 임하면 훌륭한 말하기가 될 수 있다.

12) 장혜영, 앞의 책, 11쪽.
13) 같은 책, 같은 곳.

3) 철저하게 준비하고 말하기

마인드 콘트롤과 같은 심리적 방법을 사용함으로써 자신감을 지닐 수 있다. 마음속으로 '자신감을 갖자.'라는 생각을 되뇌는 것도 좋은 효과를 낼 것이다. 그렇지만 철저하게 준비하여 발표하는 것만큼 좋은 것은 없을 것이다. 철저한 준비는 자신감을 지니고 말하기 위한 중요한 전제 조건이 된다. 준비는 의사소통의 구성 요소에 맞추어 이루어져야 한다. 즉 화자, 청자, 메시지, 상황, 접촉, 약호체계 등에 따라 준비가 진행되면 좋다.

화자 스스로 생각하기에 자신의 현재의 상황이 어떤지를 객관적으로 살펴보는 것이 필요하다. 말할 메시지에 대하여 자신이 얼마나 알고 있는가, 말할 때의 습관이나 억양은 어떠한가, 몸짓이나 표정은 주로 어떤 경향을 보여주었는가에 대하여 스스로를 평가할 필요가 있다. 청자에 대해서는 청자의 연령대나 계층, 성향 등을 살펴보아야 한다. 연령대에 맞게 메시지의 예시를 다르게 준비해야 할 것이며 계층이나 성향에 따라 메시지의 강조점이 달라져야 할 것이다. 메시지에 대해서는 논리가 탄탄한지, 사용할 어휘가 적합한지, 구성을 어떤 방식으로 짜야 하는지, 메시지의 중점 요소를 무엇으로 잡아야 하는지 등의 사항을 점검해야 한다. 이 밖에 서로 다른 약호 체계에 기반을 두어 의사소통에 문제가 생길 가능성은 없는지 등에 대해서도 꼼꼼하게 대비해야 한다.

흔히 말하기를 준비할 때, 발표 내용과 자기 자신에만 초점을 맞추어서 준비한다고 한다. '무슨 내용을 말할까'와 '나는 그것을 어떻게 말할까?'에만 주목한다는 뜻이다. 하지만 의사소통은 상호 간에 이루어지는 작업이므로 나의 이야기를 들을 대상과 말하기가 이루어질 상황에 대해서도 준비해야 한다는 점에 유의해야 한다.[14)]

1.2.2. 듣기

앞에서 말하기를 잘하기 위한 방법을 주로 태도의 측면에서 살펴보았다. 그런데 의사소통에서 말하기만큼 중요한 것이 있는데 그것은 바로 듣기이다. 어찌 보면 오히려 말하기보다 더 중요한 것이 듣기라고 할 수 있다. 대화의 1·2·3 법칙은, 한 번 말하면 두 번 듣고 세 번 공감을 표시하라는 것인데[15] 듣기가 말하기보다 오히려 더 중요하다는 것을 말해준다. 또 미국 웨슬리대학교의 실험 결과 상대방에게 많이 말하게 할수록, 다시 말해 내가 상대방의 말을 많이 들을수록 상대방은 나를 좋아하게 된다고 한다. 『일본경제신문』이 조사한 잘 나가는 영업 사원의 화술 1위도 '무조건 상대방의 이야기를 듣는 것'이라고 한다. 이렇듯 듣기는 의사소통에서 매우 중요한 요소이다.

듣는다는 의미의 한자에는 '聞'과 '聽'이 있다. '聞'은 청자의 의도가 개입하지 않은, 그냥 들리는 소리를 듣는 것을 의미하며 '聽'은 청자의 의도가 개입한, 주의를 기울여 소리를 듣는 것을 의미한다. 듣기만을 따로 떼어 그 과정을 살펴보면 (1) 음성 기호를 듣는 과정, (2) 기호의 의미를 이해하는 과정, (3) 의미를 평가하는 과정 등으로 구성된다. (1)의 과정에서는 음성 기호를 정확하게 듣는 것이 중요하다. 화자가 '눈물'로 발음했는지, '눈:물'로 발음했는지에 따라 메시지의 의미가 달라지기 때문이다. (2)의 과정에서는 음성 기호의 의미를 정확하게 이해하는 것이 중요하다. 음성 기호를 듣기는 했지만 그것이 무슨 의미인지 이해하지 못하면 의사소통이 이루어지지 않기 때문이다. (3)의 과정에서는 기호의 의

14) 같은 책, 12쪽.
15) Dale Carnegie, 『화술 1,2,3의 법칙』, 이상각 편역, 들녘미디어, 2002.

미를 이해한 후 화자의 의도를 정확하게 평가하는 것이 중요하다. 기호 자체의 의미는 정확하게 파악했지만 화자가 그 말을 왜 했는지 의도를 잘못 평가하면 그릇된 피드백을 수행하게 되기 때문이다.

『질문의 7가지 힘』의 저자가 듣는 행위의 도구는 단지 귀만이 아니라 눈, 머리, 가슴이라고 한 것[16]처럼 듣기는 수동적 행위라기보다는 현실적 실천으로 나아가기 위한 예비적 행동이다.

1) 귀 기울여 듣기(경청하기)

미국의 화법학자 로스(Raymond S. Ross)는 잘못된 듣기의 유형을 여섯 가지로 나누었다.[17]

- 끄덕거리기형: 다른 사람의 이야기에 때때로 고개를 끄덕이며 듣는 척하지만 실제로는 딴 생각을 하는 사람.
- 돼지형: 다른 사람이 말할 때는 잘 듣지 않고 자기 말만 많이 하려는 돼지처럼 욕심 많은 사람.
- 빈칸 채우기형: 다른 사람의 말을 제대로 듣지 않다가 듣지 못한 부분을 자기 생각대로 채워 넣는 사람.
- 꿀벌형: 자기가 듣고 싶은 부분만 듣고 다른 부분은 듣지 않는 사람.
- 귀머거리형: 다른 사람의 말에 전혀 귀를 기울이지 않는 사람. 의도적으로 전혀 듣지 않기도 하며, 들었어도 도무지 이해하지 못한 채 하기도 한다.
- 창 던지기형: 말하는 사람이 잘못 말하기를 기다리다가 창을 던지듯이 잘못을 공격하는 사람.

16) Dorothy Leeds, 『질문의 7가지 힘』, 노혜숙 역, 더난출판, 2002, 146쪽.
17) 이현국, 『대학생을 위한 화법의 이론과 실제』, 학문사, 2007, 183쪽.

정확하게 잘 들어야 의사소통이 효과적으로 이루어지겠지만 누구나 위에서와 같은 잘못 듣기를 한 경험이 있을 것이다. 위에서처럼 내가 잘못 들었을 수도 있고 혹은 내 말에 대해 다른 사람이 잘못 들었을 수도 있다. 잘못 듣기가 나타나는 원인은 다양하다. 메시지의 내용이 어렵기 때문에, 메시지가 들을 만한 가치가 없다는 자기중심적 생각 때문에, 화자의 발음이 좋지 않기 때문에, 청자가 피곤하기 때문에, 주변의 소음 때문에 등 다양하다. 그런데 다른 사람의 이야기를 들으면서 딴 생각이 나는 것이 소통상의 근본적 구조 때문에 생기는 일은 아닐까?

사람은 기본적으로 말하기와 듣기에 속도 차이가 난다. 미국 연구팀에 의하면 사람은 1분당 135~175개 정도의 단어를 말하고, 400~500개의 단어를 듣는다고 한다. 즉 정상적인 말하기, 듣기 상황에서도 단위시간 당 단어를 처리할 수 있는 능력이 차이가 나기 때문에 듣는 사람이 다른 생각을 하게 된다는 것이다.[18] 그러므로 우리는 더 주의를 기울여서 듣기에 집중해야만 한다. 주의를 기울여 듣는 것을 경청(傾聽)이라고 하는데 경청하는 능력을 최고 수준으로 향상시키기 위해서는 다음과 같은 사항이 필요하다.[19]

CARESS 모델

집중(Concentrate) - 인정(Acknowledge) - 조사(Research) - 감정 조절 연습(Exercise emotional control) - 비언어 메시지 확인(Sense the nonverbal message) - 구조화(Structure)

18) 장혜영, 앞의 책, 13쪽.

19) Tony Alessandra 외, 『행복한 일터의 커뮤니케이션』, 최경희 · 정봉원 역, 한언, 2003, 102쪽 이하 참조.

카레스(CARESS) 모델에 따르면 경청을 잘 하기 위해서는 집중, 인정, 조사, 감정 조절 연습, 비언어 메시지 확인, 구조화 등 여섯 요소가 필요하다. 집중은 화자에게 최대한 주의를 기울여야 한다는 것을 말한다. 집중하면 잡음이 줄어들고 메시지를 정확하게 들을 수 있다. 인정은 화자를 인정하는 표현을 함으로써 화자의 사기를 높여 더 자세하게 말할 수 있게 한다. 화자에게 시선을 맞추거나 질문을 하거나 간단하게 호응하면서 화자를 인정하는 표현을 사용한다. 조사는 화자에 대한 정보를 미리 조사함으로써 메시지의 의도를 더 잘 파악할 수 있게 하는 것이다. 감정 조절 연습은 신경을 거슬리게 하는 말을 듣더라도 끝까지 경청해야 함을 뜻한다. 토론에서는 논박하는 과정에서 참여자들이 감정을 상하게 하는 경우가 종종 있는데 이럴 때는 상대방의 말을 경청하기 힘들다. 어쨌건 내용을 경청해야 논리적 허점을 지적할 수 있으므로 끝까지 감정을 차분하게 유지하여 경청하다가 상대방의 말이 끝난 후에 대응해야 한다. 비언어 메시지 확인이란 화자의 표정이나 몸짓에도 주목해야 한다는 의미이다. 말보다 표정이나 몸짓에서 오히려 화자의 진심이 드러나는 경우가 많으므로 비언어 메시지에 주의해야 한다. 마지막으로 구조화는 목록 작성이나 순서 결정 등의 방법을 사용하여, 들은 메시지를 다시 구성해 보는 것이다. 구조화를 통해 메시지에 대한 이해도와 기억을 증진시킬 수 있다.

2) 상황과 목적에 맞추어 듣기

듣는 사람이 어떤 상황에 있는지, 듣는 목적이 무엇인지에 따라 그에 알맞은 듣기를 해야 한다. 듣기의 유형은 기준에 따라 다양한데 듣기 목적에 따라 다음과 같이 구분할 수 있다.

- 비판적 듣기: 화자의 담화 내용의 가치를 추론, 비교, 평가, 판단하는 듣기. 정치적 연설이나 토론 등과 같이 설득을 목적으로 하는 상황에서 필요한 듣기.
- 분석적 듣기: 정보를 처리하고 담화 내용을 이해하기 위한 듣기. 설명이나 정보 제공을 주 목적으로 삼는 의사소통 상황에서 필요한 듣기.
- 감상적 듣기: 즐거움을 목적으로 하는 듣기. 영화, 연극 등을 관람할 때 필요한 듣기.
- 공감적 듣기: 상대방의 감정을 이해하고 배려하는 듣기. 의견의 충돌, 상담 등의 상황에서 필요한 듣기.[20]

상황이나 목적에 따라 적절한 듣기 유형을 선택해서 들어야 한다. 하지만 하나의 상황에 하나의 듣기 패턴만 수행하는 것은 아니다. 예를 들어 논문 발표회의 경우라면 비판적 듣기나 분석적 듣기가 필요할 것이다. 발표 논문의 정확한 이해를 위해서는 분석적 듣기가 필요할 테지만 그것의 학술적 의의나 문제점을 따지고 검증하기 위해서는 비판적 듣기가 필요하기 때문이다.

재미있는 것은 남녀 간에도 듣기 패턴이 다르다는 점이다. 남자들은 모든 대화를 분석적 또는 비판적으로 들으려는 성향이 있으며, 반대로 여자들은 모든 이야기를 공감적으로 들으려는 성향이 있다. 그러므로 남녀가 서로 대화할 때는 상대방의 입장이 되어, 남자는 여자의 이야기를 가슴으로 들으려 해야 하며, 여자는 남자의 이야기를 머리로 들으려 노력해야 한다.[21]

잘 듣기 위해서는 올바른 듣기 태도를 지녀야 한다. 다음은 아홉 가지

20) 김복순, 앞의 책, 57~58쪽.
21) 장혜영, 앞의 책, 15쪽.

올바른 듣기 태도이다.[22)]

- 이야기 도중에 상대의 말을 끊거나 화제를 바꾸지 않는다.
- 눈을 마주치고 화자에 집중하되 용모보다는 내용에 집중한다.
- 잘 듣고 있다는 반응을 보인다.
- 말하는 도중에 다른 사람과 이야기하지 않는다.
- 바른 자세로 듣는다.
- 객관적 입장에서 듣는다.
- 도움이 될 만한 내용을 찾는다.
- 중요한 내용을 기록한다.
- 핵심적인 내용을 파악한다.

1.2.3. 피드백

피드백(Feedback)이란 의사소통에서 청자가 화자에게 보여주는 반응을 말한다. "오! 그런데? 그다음은?", "에이, 재미없다."처럼 메시지에 대한 청자의 긍정적 혹은 부정적 반응을 통해 다음의 의사소통에 영향을 주게 된다. 피드백을 통해 부정확한 의미가 정확하게 수정되기도 하며("이해가 잘 안 되는데 한번만 더 설명해 주실래요?"), 더 많고 깊이 있는 정보가 오가기도 하고("흥미로운데요. 자세히 듣고 싶네요."), 대화 상대자 간의 친밀도가 높아지기도 한다("어쩜 너는 그렇게 재미있게 말하니?"). 효과적인 의사소통을 위해서 내용과 상황에 알맞은 피드백이 필요하다. 의사소통에서 피드백의 중요성을 아래 예문을 통해 알 수 있다.

22) 이현국, 앞의 책, 193쪽, 김복순, 앞의 책, 60쪽 참조.

> 말하기보다 중요한 것은 듣기이며,
> 듣기보다 더 중요한 것은 듣고 있다는 반응을 보여주는 것이다.

효과적인 피드백이 이루어지기 위해 청자는 다음 사항을 지키는 것이 필요하다. 첫째, 질문을 하라. 둘째, 섣부른 추측을 하지 말라. 셋째, 같은 언어를 사용하라. 넷째, 사람이 아닌 상황이나 행동에 대한 피드백을 주도록 하라.[23)]

1) 상황을 고려하여 피드백 하기

듣기에서와 마찬가지로 피드백의 경우에도 상황에 맞게 피드백을 해야 함은 당연한 일이다. 로저스(C. R. Rogers)는 피드백을 다섯 가지 유형으로 나누어 설명하였는데 상황에 따라 이 중 알맞은 유형을 선택하여 피드백을 진행하는 것이 좋다. 로저스가 제시한 피드백은 평가 차원의 피드백, 해석 차원의 피드백, 지지 차원의 피드백, 탐사 차원의 피드백, 이해 차원의 피드백이다.

평가 차원의 피드백은 메시지의 옳고 그름, 적절성 등을 평가하는 것이다. 해석 차원의 피드백은 메시지를 청자가 어떻게 해석했는지를 설명하는 것이다. 지지 차원의 피드백은 화자를 지지하는 것이며, 탐사 차원의 피드백은 정보를 더 얻고자 한다거나 상대방이 한 말을 확인하고자 할 때의 반응이다. 이해 차원의 피드백은 메시지를 완전히 이해하고자 할 때 보이는 반응으로 일상의 대화에서는 가장 찾기 힘든 유형이다.[24)]

---

23) 장혜영, 앞의 책, 17쪽.
24) 김복순, 앞의 책, 63쪽.

친구의 고민을 들어주는 상황에서는 지지 차원의 피드백을 보내주어야 할 것이다. 토론하면서 상대방의 주장에 대한 반응으로는 평가 차원의 피드백이 적절할 것이다. 일상 대화에서는 평가 차원의 피드백이 많이 이루어지는데 "네 생각이 이번에는 틀린 것 같은데.", "선생님 의견을 들어 보니 문제가 많네요."와 같은 부정적 평가의 피드백은 대화 상대자와의 관계에 따라 주의해서 사용해야 한다. 피드백도 상황을 고려하여 그에 알맞은 피드백을 보내야 효과적인 의사소통이 이루어지게 된다.

2) 다양한 표현 방식으로 피드백 하기

피드백의 표현 방식에도 여러 가지 종류가 있다. 다양한 표현 방식은 각각의 특성이 있으며 또 사용하면 유용할 상황이 있기 때문에 그에 알맞게 적절하게 사용하여야 한다. 피드백의 다양한 표현 방식으로는 ① 고개 끄덕임 ② 표정 반복 ③ 감탄사 ④ 단어 반복 ⑤ 문장 반복 ⑥ 가벼운 질의 ⑦ 화자가 적절한 용어를 찾지 못했을 때 말해주기 ⑧ 해석 등이 있다. 우선 ①, ②, ③은 적절한 횟수에 주의해야 한다. 너무 자주 고개를 끄덕이거나 지나치게 감탄사를 남발하면 경박스러워 보인다. ④와 ⑤는 화자의 단어나 문장을 다시 반복하는 피드백의 유형이다. 훌륭한 카운슬러라면 그것만으로도 피상담자에게서 많은 말을 끌어낼 수 있는 효과적인 피드백 방법이다. ⑧은 화자의 메시지에 대해 자기 나름의 해석을 반응으로 보이는 경우이다. ⑦과 ⑧은 꽤 적극적인 반응이라고 할 수 있는데 대화 상대자 간에 어느 정도 신뢰가 형성된 경우에 사용하는 것이 좋다. 피드백은 말하는 사람보다 작게, 낮게, 짧게 그리고 반 박자 늦게 적절한 시기를 놓치지 않고 해야 한다. 그래야 흐름과 리듬을 타는 좋은 피드백이 된다.[25]

1.2.4. 언어 메시지와 비언어 메시지

메시지에는 언어 메시지와 비언어 메시지가 있는데 각각의 특성과 활용법을 파악해야 원만한 의사소통을 할 수 있다. 언어 메시지란 말이나 글을 통해 전달되는 메시지이며, 비언어 메시지란 언어 이외의 말투나 몸짓을 통해 전달되는 메시지이다. 음성, 시선, 표정, 행동, 근접 거리 등 모든 것이 비언어 메시지를 전달하는 수단이 된다.

1) 언어 메시지

언어 메시지의 경우, 대화적 화법, 대중적 화법, 집단적 화법이 쓰인 방송 프로그램을 대상으로 삼아 어휘 단위, 발화 단위, 담화 단위에서 효과적 의사소통을 위해 지켜야 할 점을 제시한 연구가 있어 도움이 된다.[26] 우선 어휘 단위 중에서 외국어, 외래어의 오남용의 예를 살펴보자.

(1) 습관적으로 자기 저 깊게 내재돼 있는 '슬리핑 자이언트', 잠자는 거인을 흔들어 깨 내야 그것이 성공할 수 있는 엄청난 파워가 생기는데…(TV 특강, 2008.7.30.)
(2) 배우들에 맞게 컨셉을 또 바꿔 주고…(문화 사색, 2008.9.9.)

(1)의 밑줄 친 부분에서는 화자가 '슬리핑 자이언트'라는 말을 하고 바

25) 「강치원의 토론이야기」, 『중앙일보』 참조.
26) 이호승 외 4인, 「효과적 의사소통에 필요한 언어적 요소」, 『2008 사회인을 위한 효과적 의사소통 교육 연구』, 국립국어원 · MBC문화방송, 2008, 53~142쪽에서 발췌함.

로 이어서 '잠자는 거인'이라는 우리말로 바꿔 말하고 있다. 토론, 연설(강연), 인터뷰 등에서 전문가로 출연하는 사람들 중 굳이 쓸 필요조차 없는 외래어, 외국어를 남발하는 경우가 있다. 일상적으로도 널리 쓰이는 외래어, 외국어에서도 이러한 경우를 볼 수 있다. (2)의 밑줄 친 '컨셉'은 문맥상 '설정'으로 바꿔 써도 큰 무리가 없다. 불특정 다수의 시청자를 고려하여 토론, 연설, 인터뷰 등에서는 쉬운 말로 바꿔 쓰는 자세가 필요하다.

한편 발화 단위에서는 길이와 구성, 접속, 호응, 생략, 조사 사용, 사동 · 피동 표현 등에 주의를 기울여야 한다.

(3) 운동을 해서 자기를 관리를 하고 체력도 관리하고 그 다음에 체격도 관리하고 자기의 모든 것들을 관리하도록 애를 써야 되는데 / 그때 많은 사람들이 운동을 하는 시간을 대개 저녁 시간으로 잡는 경우도 있고 아침 시간으로 잡는 경우도 있지만 / 제가 오늘 전체적인 프레임은 아침형 인간형 쪽에 대한 것이 많기 때문에 / 일단 "아침에 일어나서 하는 것이 저녁 때 하는 거보다는 효과가 더 이러이러한 면에서 많은 거 같습니다."라고 말씀을 드리면 / 여러분이 조금 더 이해가 되시리라고 봅니다. (TV 특강, 2008.7.30.)

인용한 예는 한 문장인데 한 문장 안에 이렇게 많은 정보를 담게 되면 문장 성분 사이의 호응에 문제가 생길 여지가 많으며 구조가 복잡해져서 논리를 맞추기도 어렵다. 결과적으로 청자가 이해하기에 매우 어려운 연설이 된다. 위 문장은 다음과 같이 고치는 것이 좋다.

(3)-1. 운동을 해서 자기를 관리하고 체력도 관리하고 그다음에 체격도 관리하고 자기의 모든 것들을 관리하도록 애를 써야 됩니다. / 이때 운동하는 시간을 저녁 시간으로 잡는 경우도 있고 아침 시간으로 잡는 경우도 있습니다. / 그런데 제가 오늘 전체적인 프레임을 아침형 인간으로 잡고 말씀을 드리고 있기 때문에 아침에 일어나서 하는 것이 저녁 때 하는 거보다 어떤 면에서 효과가 더 많은지를 말씀드리려고 합니다.

한 문장 안에 많은 정보를 담으려다 보면 접속을 빈번하게 사용하게 된다. 그러나 접속 과정에서 많은 오류가 생기는데 다음은 그 예이다.

(4) 상대국의 정치적 목적이든 다른 목적에 의해서 문제 제기나 돌발 상황은 오게 돼 있습니다.

(100분 토론, 2008.7.17.)

조사 '-나'로 접속하는 과정에서 주어와 서술어 간의 호응이 맞지 않게 되었다. '돌발 상황'이 올 수는 있지만 '문제 제기'가 올 수는 없기 때문이다. 다음과 같이 수정하는 것이 좋다.

(4)-1. 상대국의 정치적 목적이든 다른 목적에 의해서 문제가 일어나거나 돌발 상황이 오게 돼 있습니다.

이 밖에 문장이 문법적으로 성립되지 않거나 의미를 파악하기 힘들 정도로 지나치게 문장 성분을 생략하는 경우, 사동의 의미가 없는 곳에

군이 '시키다'를 결합해서 사동 표현을 하는 경우도 주의해야 한다.

2) 비언어 메시지

지금까지 언어 메시지의 활용 방법에 대해서 살폈다. 그런데 언어 메시지와 비언어 메시지 중에서 전달력이 더 큰 것은 무엇일까? 사회 심리학자인 메라비언(Albert Mehrabian)은 『침묵의 메시지(Silent Message)』(1970)에서 사람이 전달받는 것 중 음성으로 받는 것은 38%, 표정으로 받는 것은 35%, 태도로 받는 것은 20%, 말로 받는 것은 7%라고 하였다. 비언어 메시지가 언어 메시지보다 더 전달력이 크다는 점을 분명하게 보여주는 연구이다. 다음 상황은 비언어 메시지를 알아야 화자의 의도를 분명하게 알 수 있는 예이다.

남편: 여보! 오늘 어머니 오실 거예요.
아내: 알았어요.

우리는 이 대화에서 언어 메시지가 제공하는 정보만 알 수 있다. 어머니가 오실 것이라고 남편이 말하자 아내가 알았다고 대답했지만 아내가 어떤 의도로 말했는지는 언어 메시지만을 통해서는 알 수 없고 비언어 메시지를 함께 알아야 파악할 수 있다. 즉 아내의 음성, 표정, 몸짓 등의 정보가 함께 제공되어야 어머니가 오시는 것을 기뻐하는지 불만스럽게 생각하는지 실제 의도를 파악할 수 있다.

비언어 메시지는 언어적 의미를 명확히 하는 역할을 하기도 하며, 언어를 대신해서 의미를 전달하기도 하고, 심지어는 언어적 의미와 반대되는 의미를 전달하기도 한다. 이러한 비언어 메시지는 음성, 외모, 손짓, 몸짓, 얼굴 표정, 눈짓, 접촉, 개인의 공간 등 여러 가지가 있다.

이상에서 언급한 것처럼 비언어 메시지는 언어 메시지 못지 않은, 혹은 언어 메시지보다 더 중요한 전달력을 지녔다고 할 수 있다. 따라서 효과적인 의사소통을 위해서 비언어 메시지의 활용 방법에 대하여 살펴볼 필요가 있다.

(1) 음성

비언어 메시지 중에서 큰 역할을 차지하는 것이 음성이다. 음성의 성량, 발음, 고저, 강세, 속도, 쉬기 등에서 적절한 수준을 유지해야 한다. 음성의 크기에 변화를 주어 단조로움을 피해야 하며 중요하게 전달해야 할 부분에는 힘주기를 해야 한다. 넓은 공간에서 많은 대상을 향해 말할 때는 큰 목소리로, 지하철과 같이 다른 사람에게 피해를 주지 않아야 할 공간에서는 작은 목소리로 말해야 하듯, 상황과 목적에 따라 적절한 음성 특징을 유지해야 한다.

대학에서 많이 이루어지는 발표나 토의 등 공적인 말하기에서 다음의 사항에 유념해 적합한 음성을 내도록 한다.

- 압도적이지 않으면서도 강하고 꽉 찬 음색을 내도록 하라.
- 윗입술과 아랫입술을 많이 움직여 정확하고 확실하게 발음하라.
- 적절한 음량, 목소리 크기, 억양 변화 등을 통해 열성을 보여라.
- 음성적 특성을 다양화시키는 데 관심을 가지라. 단조로운 목소리는 피하라.
- 자신에게 맞지 않는 음성적 특성으로 말하기보다는 자연스럽고 편하게 말하라.

대학의 강의나 발표, 대중 강연이나 연설 등에서 청중들이 발표에 집중하지 못하는 경우가 많다. 단조롭고 나긋한 음성으로 발표해서는 청중들의 집중을 이끌어내기 힘들다. 낮은 목소리보다는 약간 높은 목소리, 느린 속도보다는 약간 빠른 속도가 주의를 집중시키기에 적당하다.[27)]

(2) 얼굴 표정

기쁘면 기쁜 표정이 얼굴에 나타나고 슬프면 슬픈 표정이 나타나게 마련이다. 얼굴 표정은 화자의 의도와 상황을 파악할 수 있는 유용한 수단이다. "사랑한다."라고 말했지만 차가운 얼굴 표정을 하고 있다면 연인의 실제 마음은 다른 것이다. 그러므로 화자의 얼굴 표정을 읽고 청자는 그에 맞게 피드백을 해줄 수 있다. 화자의 말을 듣고 도무지 이해하지 못하겠다는 표정일 때는 더 자세하게 풀어서 설명하는 피드백이 필요하며 지루해하는 표정일 때는 화제를 돌리거나 혹은 압축해서 중요한 부분만 설명하는 피드백이 필요하다.

한편 적당한 얼굴 표정을 통해 메시지를 강조할 수 있다. 기쁜 일을 축하해 줄 때 환한 얼굴 표정을 더해 축하해 준다면 전달력이 높아질 것이다. 공적 말하기 상황에서는 밝고, 자신감과 여유가 있는 표정을 짓는 것이 좋다. 비웃거나 삐죽거리는 표정, 자신감을 잃은 표정 등은 청중에게 발표의 신뢰를 주지 못한다.

(3) 시선

시선을 적절하게 맞추어야 상대방은 관심을 받고 있다고 생각하고 의사소통에 집중하게 된다. 대화 상황에서는 대화 시간의 60~70% 정도

27) 장혜영, 앞의 책, 24쪽.

시선을 공유하는 것이 적합하다고 한다. 너무 자주 시선을 맞추면 상대방이 불편하게 생각하고 너무 시선을 맞추지 않으면 무시당하는 기분이 들 수 있기 때문이다. 발표나 연설의 상황에서는 청중에게 골고루 시선을 주어야 한다. 이러한 사실을 알고 있지만 실제로 골고루 시선 주기가 생각만큼 쉽지는 않다. 시선은 관심의 표현이니만큼 청중의 호응을 얻기 위해 리허설을 통해 미리 연습해 두는 것이 좋다.

(4) 제스처

공적 말하기의 상황에서 긴장을 많이 하게 되는데 이럴 때 유용한 것이 적절한 제스처를 취하는 것이다. 제스처는 화자의 긴장감을 떨어트리는 역할을 한다. 그리고 메시지의 의미를 더 분명하게 전달하는 역할도 한다. 원, 세모, 네모 등의 도형을 손가락으로 그리거나 손가락을 꼽으며 숫자를 세는 행위, PPT 화면에서 중요한 대목을 손으로 지시하는 행위 등으로 의미를 분명하게 전달할 수 있다. 따라서 수업 시간의 발표 때 강단에 서서 움직임 없이 발표하는 것보다 적절한 제스처를 사용하는 것이 필요하다.

대화나 발표 시 손의 처리를 어떻게 해야 할지 어색해 하는 경우가 많다. 화자가 주먹을 쥐고 있을 때는 긴장하고 있음을, 그리고 손을 뒤로하고 있을 때는 권위 의식을 지니고 있음을 뜻한다고 한다. 청중이 화자에게 이런 생각을 지니지 않도록 주의해야 한다. 특히 팔짱을 끼고 대화하는 것은 주의해야 하는데, 팔짱끼기가 방어의 표시여서 이 상태로 대화하는 것은 상대에게 벽이 있다는 느낌을 들게 한다는 것이다. 발표의 주제, 청중의 성격, 공간의 상황 등에 맞게 적절한 손 처리가 필요하다.

(5) 자세

자세는 안정되면서도 발표하기에 적합한 자세를 유지해야 한다. 말할 내용에만 신경을 쓰다 보면 부지불식간에 몸에 밴 습관이 나오게 되며 긴장하게 되면 그 습관은 더 자주, 그리고 더 강하게 나오게 된다. 따라서 평소에 올바른 자세를 유지할 필요가 있다.

올바르지 않은 발표 자세로는 호주머니에 손 넣는 자세, 한쪽으로 기울어진 삐딱한 자세, 교탁을 짚고 구부정하게 선 자세, 팔짱 낀 자세 등이 있다. 텔레비전의 아나운서들의 말하기 자세를 유심히 살펴보면 손을 배꼽에 모으고 서 있는 것을 볼 수 있는데, 배꼽에 손을 모으고 있으면 상황에 맞춰 적절하게 손을 뻗기에 적합하다고 한다. 발표자 자신이 편한 자세보다는 전달에 효과적인 자세를 취해야 한다.

면접 상황처럼 앉아서 이야기하는 경우 엉덩이가 등받이에 닿도록 깊숙이 앉아야 한다. 의자 앞쪽에 앉아 몸을 살짝 앞으로 구부린 채로 듣는 것은 듣는 자세로는 좋지만 말하기 자세로는 적합하지 않다. 다리는 발을 땅에 붙이고 11자 형태로 유지하는 것이 좋다. 손은 주먹을 쥔 채로 무릎 위에 놓는 것이 가장 무난하다.[28)]

(6) 거리

거리도 비언어 메시지의 하나이다. 거리 두기를 통해서 의도가 표현되기 때문이다. 대화 중 상대가 지나치게 가깝게 다가가면 거리 두기를 통해 자신의 부담을 표현하는 것이다. 사람들은 대체로 자신의 앞쪽 공간을 뒤쪽보다 넓게 두고자 하며 누군가에 의해 그 공간이 침범되면 수정 행동을 통해 필요 공간을 확보한다. 엘리베이터에서 낯선 사람이 타

28) 같은 책, 27~28쪽.

면 움직여 자기 공간을 더 확보하는 것도 이러한 맥락에서 이루어지는 것이다. 에드워드 홀은 물리적 거리를 비언어 기호로 보고 이에 대한 독자적 연구를 주장하였는데 다음 넷으로 거리의 종류를 나누었다.[29]

- 친밀한 거리 (intimate distance): 45cm 이내의 거리로, 엄마와 아기, 연인 사이 등 매우 근접한 관계에서 유지되는 거리
- 개인적 거리 (personal distance): 45~120cm까지의 거리. 일반적인 친구 사이에서 대화하기 좋은 거리.
- 사회적 거리 (social distance): 120~360cm까지의 거리. 직장에서 공적인 업무로 대화할 때 주로 사용하는 거리.
- 공적 거리 (public distance): 360cm 이상의 거리. 공중을 대상으로 한 연설이나 강연 등에 이용되는 거리. 대인 커뮤니케이션은 불가능함.

사람마다 상황마다 편안하게 생각하는 거리에 차이가 있으므로 홀이 제시한 거리가 절대적인 것은 아니다. 대화 중 청자가 거리 때문에 불편함을 느낀다면 이를 수정하여 대화를 지속한다. 토론은 대립 상황이므로 좌석은 마주 보게 배치한다. 그러나 대립적인 토론이 아닌 토크쇼 등의 진행에서는 마주 보는 배치를 피하고 약간 비스듬히 ㄱ자 형태로 배치한다. 이는 긴장 상황을 피하기 위함이다. 남자들은 기본적으로 대립 상황에 익숙하기 때문에 마주 보는 상태에서도 불편함을 덜 느낀다고 한다. 반면 여자들끼리는 나란히 앉아 이야기하는 것을 편하게 느낀다고 한다. 당신 앞에서 이야기하는 사람이 어딘가 불편하게 느껴진다면 한 발만 옆으로 움직여보라. 훨씬 편안하게 느껴질 것이다.[30]

29) 오미영 · 정인숙, 앞의 책, 125쪽.

✪ 말하기 듣기 활동 1

앞에서 살펴보았듯이 의사소통에서 비언어가 차지하는 부분은 매우 크다. 그러므로 원활한 의사소통을 하기 위해서는 자신이 가지고 있는 비언어적 특징을 잘 파악하는 것이 필요하다. 그러나 자신이 듣는 목소리와 다른 사람이 듣는 내 목소리가 다르듯이, 내가 생각하는 나의 비언어적 특징과 다른 사람이 느끼는 나의 비언어적 특징에는 차이가 있다. 또한 같은 표현도 듣는 사람에 따라 달리 해석되기도 한다. 비언어적 특징의 또 하나의 문제점은 잘 고쳐지지 않는다는 점이다. 자신의 목소리나 습관 등은 쉽게 고쳐지는 것이 아니다. 그러므로 우선은 자신의 비언어적 특징이 다른 사람들에게는 일반적으로 어떻게 받아들여지는지를 파악하는 것이 중요하며, 좋은 점은 더욱 살리고 나쁜 점은 개선하도록 노력해야 한다. 학기 초처럼 서로가 서로를 아직 잘 모르고 있을 때 객관적 거리를 가지고 상대방의 비언어적 특징을 서로 지적해 줄 수 있는 활동을 다음과 같이 진행한다.

1. 조원들이 모여 자기 분석을 통해 간단하게 자기소개를 한다.

2. 소개가 끝난 후 조원들은 다음의 평가 기준에 맞추어 평가서를 작성한다.
   ① 발표자의 이름에서 오는 첫인상
   ② 발표자의 첫 5초에서 오는 인상: 신뢰감, 자신감, 친근감 등을 주는지
   ③ 자기소개 시의 비언어적 특징들
      - 표정, 시선, 자세
      - 발음, 목소리의 크기, 억양, 말의 속도
      - 손의 처리
      - 그 밖의 버릇이나 특징
   ④ 내용 구성의 참신성, 효과적으로 전달되었는지
   ⑤ 듣기 태도

3. 활동이 모두 끝나고 나면 각 발표자는 조원들이 작성한 평가서를 돌려받고,

30) 장혜영, 앞의 책, 28쪽.

그 내용을 바탕으로 자신이 생각했던 자신의 비언어적 특징들과 조원들이 지적한 사항의 공통점과 차이점을 확인한다. 그리고 자신이 갖고 있는 각각의 비언어적 특징 중 장점과 단점으로 여겨지는 부분은 무엇인지를 파악하고, 단점으로 여겨진 부분은 향후 어떻게 개선할 수 있을지에 대해 정리한다.

다음은 이 활동을 정리한 한 예이다.

말하기 · 듣기 활동 정리 예

(국어국문학과 60030*** 신 ○○)

조원들의 시각 비교, 분석을 통한 자기평가

구성 \ 평가		평가 전	조원의 평가	평가 후
첫인상		평소 무표정인 경우가 많아 조별 모임에서 쭉 미소를 가지려고 노력했다.	1. 조신하고 침착한 이미지이다. 2. 자신감이 결여되어 보인다. 3. 조용하고 신뢰감을 준다.	첫인사를 할 때, 자신 있어 보이도록 좀 더 적극적이고 활달하게 시작해야 할 것 같다.
비언어적특성	시선	의식적으로 시선을 맞췄다.	여러 학생을 차례로 봤다.	편안한 시선 처리를 연습해야겠다.
	자세	교수님이 말씀하신 자세대로 하려고 했으나 유지하기 힘들었다.	1. 면접 자세 같았다. 2. 흐트러짐이 없어 보인다.	허리를 심하게 구부리는 편이라, 정자세가 힘들다. 의식하고 노력해야겠다.
	제스처	첫 번째, 두 번째 등을 얘기할 경우에만 사용한 듯하다.	손은 계속 무릎 위에 있다가 필요할 때만 사용하였다.	자칫 내 이야기가 심심해 보일 수 있겠다는 생각을 하였다.
	표정	초반에 당황한 표정을 보였을 것이다.	침착한 듯했지만 살짝 긴장되어 보였다.	다행히 초반 이후부턴 자연스러운 표정이었던 것 같다.

<table>
<tr><td></td><td>말</td><td>평소 말을 잘 더듬고 받침 발음을 부정확하게 하는 경향이 있다.</td><td>1. 또박또박 발음했다.
2. 말이 조금 느린 편이다.
3. 억양은 무난하다.</td><td>충청도 출신이어서 그런지 몰라도 말 속도가 느리다는 얘기를 많이 듣는데, 역시나 지적이 들어왔다.</td></tr>
<tr><td></td><td>크기</td><td>적당하다고 생각했다.</td><td>조원 네 명 중 세 명이 목소리가 작다고 지적했다.</td><td>처음 알았다. 이제까지 내 목소리가 여자치곤 꽤 큰 줄 알았다.</td></tr>
<tr><td colspan="2">내용 구성</td><td>개인 신상 명세보다는 내가 원하는 나의 미래, 내가 지금 공부하는 이유를 설명하는 것이 '나'에 대한 인상을 좀 더 강하게 남길 것이라 판단했다.</td><td>1. 과거 경험에 비추어 참신하게 전달했다.
2. 자신의 신념을 자세하게 설명. 강한 인상을 주었다.
3. 과거-장래를 설명하는 과정이 유기적이고 진솔해 보였다.</td><td>시작할 때와 끝날 때가 깔끔하지 못했다. 준비한 내용과는 다르게 전개된 부분도 있었다. 그렇지만 하고자 했던 이야기들은 대체적으로 잘 전달된 것 같았다.</td></tr>
<tr><td colspan="2">듣는 태도</td><td>말하는 사람과 같이 바른 자세를 유지하려고 노력했다.</td><td>1. 말하는 사람에 집중했다.
2. 진짜로 듣고 끄덕이는 듯했다.
3. 질문이 진부하다.</td><td>1. 화자와 시선이 마주쳤을 때 스스로 너무 당황한다.
2. 화자가 적극적으로 대답할 수 있는 질문이 필요하다.</td></tr>
<tr><td colspan="2">종합 평가</td><td colspan="3">이번 실습을 통해서 크게 아래의 세 가지를 수정하고 보완해야 할 필요성을 느꼈다.

1. 자신감 고양
'말하기'에서는 더 철저한 준비가 필요했다. 무엇보다 가장 절실히 느낀 것은 '자신감'의 문제였다. 조원들의 평가지에서 공통적으로 들어간 점이 '자신감', '긴장된 표정', '목소리 크기'였는데, 세 가지 다 서로 연관이 있다고 생각된다. 특히 자신감과 목소리 크기는 내가 의식하고 고쳐야 할 부분이다. 조한 자칫하면 내 얘기가 지루하게 느껴질 수 있다는 부분에서 억양과 속도 그리고 제스처 부분에서도 개선해야 할 점이 있다. 느린 말투에, 단조로운 리듬, 그리고 소극적인 제스처들은 내가 활동적이지 못한 사람으로도 비춰질 것이다. 다른 부분들은</td></tr>
</table>

큰 문제없이 잘했던 것 같다.

2. 호응하기
'듣기'에서는 말하는 사람에 집중하면서 최대한 호응하는 모습을 보여주려고 했으나, 끄덕거리기 정도에서 멈춘 것 같다. 또한 유독 화자가 나에게 시선을 맞출 때, 속으로 당황해서 내가 먼저 시선을 피해버리는 경우가 있었다. 유연하게 대처할 수 있도록 노력해야겠다. 듣고 나서 질문을 할 때는 내가 생각해도 식상한 질문들을 많이 했다. '당신의 얘기가 흥미 있다'는 것을 표시하려고 했던 것이 단순히 형식적인 질문에 그쳐 말하는 사람과 듣는 사람 서로를 '형식적인 화자, 형식적인 청자'로 격하시켜 버린 건 아닐까 걱정된다. 말하는 사람이 보람을 느낄 수 있도록, 능동적으로 표현하는 연습이 필요한 것 같다.

3. 적극적인 자세
앞으로 내가 효과적으로 의사 전달을 하기 위해선 말하기, 듣기 두 가지 면 모두 상대방에게 적극적인 모습으로 기억될 필요가 있다. 위에서 발견한 약점들은 최대한 고치려고 노력하고, 좋게 평가된 부분들은 좀 더 보완해서 최대한 살릴 수 있도록 해야겠다.

1.2.5. 설득적 말하기

우리는 상대방을 설득하기 위하여 말을 하는 경우가 많다. 가스와 사이터(Gass & Seiter)에 의하면 설득은 한 명 이상의 사람들이 주어진 커뮤니케이션 상황 속에서 기존 신념이나 태도, 의도, 동기, 행동 등의 반응을 유발, 보강, 조정, 제거하는 데 참여하는 활동이자 과정이다.[31] 학자가 자신의 주장을 발표하여 학계의 동의를 얻는 상황, 영업 사원이 고객의 마음을 움직여 상품을 구매하게 하는 상황, 혹은 아이가 아이스크림을 사먹기 위해 어머니의 마음을 돌리는 상황 등 사실은 일상의 매우

31) 김정현, 『설득·커뮤니케이션의 이해와 활용』, 커뮤니케이션북스, 2006, 14쪽.

많은 상황에서 우리는 설득적 말하기를 행하고 있는 것이다.

이처럼 설득적 말하기는 우리가 일상생활에서 자주 맞닥뜨리는 말하기 유형인데 도대체 사람들은 무엇에 의해 설득되는 것일까? 아리스토텔레스가 제시한 설득의 세 가지 수단인 에토스, 로고스, 파토스를 참고한다면 효과적으로 상대를 설득할 수 있을 것이다.

첫째, 에토스(ethos)에 의한 설득은 화자의 인품이나 평판으로 상대를 설득하는 것이다. 에토스는 그리스어 '인물'에서 유래한 말로 영어의 '윤리(ethic)'로 변화하였는데, 말하는 사람 혹은 글쓰는 사람의 인격을 의미하는 동시에 사회 구성원들이 공통적으로 유지하고 있는 관습, 가치관, 습속을 의미한다.[32] 에토스에 의한 설득은 인품이 훌륭하고 평판이 좋은 사람은 신뢰할 수 있으며 따라서 그의 말도 신뢰할 수 있다는 것이 전제되어 있다. 따라서 상대를 설득하기 위해서는 성실성, 진지함, 단정한 외모 등을 통해 청자로 하여금 신뢰를 갖게 해야 한다.

에토스를 전달하기 위해서는 다음과 같은 점들에 유의해야 한다.[33]

- 발표란 화자와 청자의 인격적 만남임을 인식하라.
- 자신의 인격과 능력이 자연스럽게 드러나도록 하라.
- 공감대를 형성함으로써 청중에 대한 배려를 표현하라.
- 충실한 증거를 제시함으로써 성실함이 드러나도록 하라.
- 청중을 존중하라.
- 적절한 복장을 갖추라.
- 청중과 시선을 맞추라.
- 자신감 있게 말하라.

32) 박성창, 『수사학』, 문학과지성사, 2000, 47쪽.
33) 김상희 외 6인, 앞의 책, 49~50쪽.

에토스에 의한 설득이 오랫동안 기억을 유지시키는 힘을 발휘하지는 못한다고 하는데, 시간이 지남에 따라 망각되어 효과가 떨어지는 수면자 효과(sleeper effect)가 수용자에게 일어나기 때문이라고 한다.[34] 그렇기 때문에 로고스나 파토스에 의한 설득이 병행될 필요가 있는 것이다.

둘째, 로고스(logos)에 의한 설득은 이성과 논리로 상대를 설득하는 것이다. 자신의 주장을 뒷받침해 줄 수 있는 타당한 근거를, 합리적 논리에 맞추어 제시함으로써 상대를 설득한다. 로고스는 그리스어로 '언어 혹은 논리'를 의미하며 영어의 '언어(language)'에 해당한다. 따라서 로고스에 의한 설득은 연역 논증이나 귀납 논증과 같은 추론의 방식으로 설득하는 것과, 비유법, 강조법, 변화법과 같은 수사학적 방식(정확히는 문채의 수사학으로)으로 설득하는 것을 포괄한다.

연역 논증은 일반적인 사실이나 원리를 전제로 하여 개별적인 사실이나 보다 특수한 다른 원리를 이끌어 내는 추리를 이른다. 경험을 필요로 하지 않는 순수한 사유에 의하여 이루어지며 그 전형은 삼단 논법이다. 삼단 논법은 대전제와 소전제의 두 전제와 하나의 결론으로 이루어진 연역적 추리법으로서 이에 대한 예를 들어 보자.

- 새는 동물이다: 대전제
- 닭은 새이다: 소전제
- 따라서 닭은 동물이다: 결론

아리스토텔레스는 논리적 설득의 가장 효율적인 방법이 삼단 논법에

34) 오미영 · 정인숙, 앞의 책, 140쪽.

서 대전제가 생략된 '생략적 삼단 논법'이라고 주장했다. 생략적 삼단 논법은 설득하는 자와 설득 당하는 자가 공유할 수 있는 공통적 토대를 설득의 대전제로 활용하는 것이 핵심이다. 즉 공통적 토대에 대해서는 그 의미를 서로 공유하고 있으므로 굳이 제시할 필요가 없으며 소전제만을 제시함으로써 피설득자를 쉽게 설득할 수 있다는 것이다. 공통적 토대로는 그 사회가 공유하는 신화, 믿음, 이데올로기, 관습 등이 사용된다. "세계로 수출하는 매일 맘마밀, 우리 아기에게도 맘마밀"이라는 광고 카피 안에는, "수출하는 상품의 질은 좋다."라는 우리 사회의 대전제가 포함되어 있다. 그러므로 "맘마밀은 수출품이다."라는 소전제만을 제시해도 "맘마밀의 질은 좋다."라는 결론이 도출됨으로써 소비자를 설득하기 쉽다는 것이다.[35)]

귀납 논증은 개별적인 특수한 사실이나 원리로부터 일반적이고 보편적인 명제 및 법칙을 유도해 내는 추리를 뜻한다. 연역 논증은 전제가 참이면 결론이 거짓일 가능성이 없는 데 비해 귀납 논증은 전제가 참이더라도 결론은 개연적인 확실성만을 가진다. 예를 들어 보자.

- 지구는 둥글다. 화성은 둥글다. 수성은 둥글다.
- 지구, 화성, 수성은 행성이다.
- 따라서 모든 행성은 둥글다.

귀납 논증은 전제의 사실이 결론을 이끌어낼 정도로 많고 대표성을 지녀야 한다. 위의 예에서 만약 지구, 화성, 수성 이외의 단 하나의 행성

35) 이두원, 『논쟁-입장과 시각의 설득』, 커뮤니케이션북스, 2005, 29~30쪽.

이라도 둥글지 않은 경우가 발견된다면 전제가 참이었더라도 참이 아닌 결론이 도출된다.

로고스에 의한 설득은 주로 추론을 통한 논증을 말하는 경우가 많지만 앞에서 말한 것처럼 로고스가 그리스어로 '언어 혹은 논리'의 의미였으며 영어의 '언어(language)'에 해당하므로 비유법, 강조법, 변화법과 같은 수사법도 로고스에 의한 설득에 포함된다고 할 수 있다.

셋째, 파토스(pathos)에 의한 설득은 감성을 이용하고 감성에 호소하여 설득하는 것이다. 파토스는 변론가가 알아두어야 할 청중의 심리적 상태 및 성향들을 총칭하는 말로 범박하게는 감정이라고 할 수 있다. 아리스토텔레스의 『수사학』에서는 "사랑을 품고 있는 사람에게는 판단의 대상이 되는 사람은 불의를 저지르지 않았거나, 그렇더라도 아주 경미한 것을 저지른 것처럼 보인다. 증오를 품고 있는 사람에게는 그 정반대이다."라고 했다.[36] 청자의 감정이 사랑할 때인가 증오할 때인가에 따라 판단의 결과가 달라진다는 것이다. 분노와 평온, 우정과 증오, 불안과 신뢰 등 청자의 감정 상태에 따라 판단이 달라지므로 화자는 청중의 감정을 고려해야 설득할 수 있다. 더 나아가 청자의 감정을 적극적으로 이용하여 감성에 호소하는 방식으로 설득하기도 한다. "이렇게 더운 날씨에 하루 종일 물건 파는 제가 불쌍해 보이지 않으세요? 그러지 말고 하나만 사 주세요."라며 청자의 동정심에 호소하여 설득하는 것이다.

실제로 설득이 이루어지는 지점은 감성에 호소하는 부분이다. 그러므로 설득에서 가장 중요한 부분이라고도 할 수 있다. 그러나 상대방을 설득할 때 에토스와 로고스는 제외하고 파토스만 앞세우면 논리적 오류가 생길 수 있다. 다시 말해 진실성이나 논리성을 배제한 채 화려한 언변이

---

36) 박성창, 앞의 책, 48쪽.

나 상대의 심리만을 이용하여 설득을 하는 경우, 그 순간에는 설득에 성공할지 모르나 지속 가능한 설득을 이루어내지는 못한다는 것이다.[37)]

파토스를 전달하기 위한 구체적인 전략은 다음과 같다.[38)]

- 발표 내용에 구체적인 스토리와 발표자가 직접 목격한 일을 삽입하여, 청중이 발표 주제를 개인적인 것으로 느낄 수 있게 하고 극적인 감동을 체험하게 하라.
- 감정을 유발할 수 있는 어감이 강한 단어들을 전략적으로 사용하라.
- 청중의 감정에 호소하는 부분에서는 어조를 강하게 하여 청중이 인식하게 하라.
- 목소리의 변화를 통해 청중이 느끼기를 원하는 감정을 전달하라.
- 주먹을 불끈 쥐는 등의 몸짓과 얼굴 표현을 통해 주제의 위기감을 표현하라.
- 발표자 자신이 그러한 감정을 느끼고 있음을 청중에게 확신시켜라.

지금까지 에토스에 의한 설득, 로고스에 의한 설득, 파토스에 의한 설득에 대해서 살펴보았다. 발표에서도 이 셋이 적절히 조화를 이루게 하는 것이 필요하다. 일반적으로 발표의 도입부에서는 에토스를 통해 청중이 발표자를 신뢰하는 마음을 갖게 하는 것이 필요하다. 본론 부분에서는 로고스를 통해 발표 내용을 논리적으로 전달하는 것이 좋다. 발표를 마무리할 때는 파토스를 적절히 사용하여 청중의 마음에 그 내용이 깊이 각인될 수 있게 해야 한다.[39)]

37) 장혜영, 앞의 책, 156~157쪽.
38) 김상희 외 6인, 앞의 책, 56쪽.
39) 장혜영, 앞의 책, 157쪽.

대 화

대화(對話)라는 한자어를 풀면 '서로 마주 대하여 주고받는 말'이라는 뜻이 있다. 다시 말해 대화란 화자가 청자에게 바라는 자신의 의도를 언어로 나타내는 행동이다. 주의해야 할 점은 대화는 행동이 수반되는, 결과가 수반되는 말이라는 것이다. 즉 대화란 단순한 말이 아니며 목적 지향적 행동으로 인간관계에 영향을 주는 행동의 한 유형이라는 점에 유의해야 한다.

• 협동의 원리

그라이스(Grice)는 효과적인 의사소통을 위해 대화 참여자들이 지켜야 할 협동의 원리 네 가지를 제시하고 있다. 질의 격률, 양의 격률, 관련성의 격률, 태도의 격률이 그것인데 이에 대하여 자세하게 살펴보도록 하자.

질(質)의 격률(Maxim of Quality)

질의 격률이란 의사소통을 효과적으로 수행하기 위해서는 대화의 질을 확보해야 한다는 규칙이다. 대화의 질을 확보하려면 진실성 있는 대화, 즉 진실되며 거짓이 없는 메시지가 오고 가야 한다는 것이다. 질의 격률에 따르면 발신자는 진실하다고 생각되는 말을 해야 하며 거짓이라고 생각되는 말을 삼가고 타당한 증거로 뒷받침될 수 있는 말을 해야 한다. 질의 격률은 대화 참여자의 인격에 대한 신뢰와 연관되며 이를 심각하게 어기면 인간관계에 부정적인 영향을 주게 된다.[40)]

> 엄마: 오늘 성적표 나왔지? 엄마한테 보여줘.
> 아들: 아직 안 나왔는데요. 이번 시험 성적표는 좀 늦게 나온대요.
> 엄마: 학교에서 문자 왔어. 학생들에게 성적표 나눠주었다고.
> 아들: …….

위의 예는 엄마와 아들 사이의 성적표에 대한 대화인데, 아들이 질(質)의 격률을 어기고 있다. 양치기 소년이 늑대가 온다고 거짓으로 소리쳤다가 나중에 실제로 늑대가 왔을 때 아무런 도움을 못 받은 것처럼 질의 격률을 어기면 그 피해는 고스란히 자신에게 돌아올 것이다.

양(量)의 격률(Maxim of Quantity)

의사소통이 효과적으로 이루어지기 위해서는 해당 상황에 적절한 양의 메시지가 오고가야 한다. 상황에 알맞지 않을 만큼 많은 양의 정보가 오간다거나, 반대로 상황을 파악할 수 없을 정도로 적은 양의 정보가 오간다면 의사소통은 원만하게 이루어지지 않게 될 것이다. 이는 대화 참여자가 서로 적당한 양(量)의 대화를 주고받아야 한다는 의미이기도 하다. 한쪽에 지나치게 편중된 대화의 양은 대화를 지속시키지 못하게 하는 이유가 되기 때문이다. 따라서 발신자가 적당한 양의 대화를 했으면

40) 장혜영, 앞의 책, 208쪽.

수신자도 이에 알맞은 양의 대화로 반응하며 의사소통을 지속하게 하는 데 주의를 기울여야 한다. 참여자의 성향에 따라 지나치게 적극적인 참여자라면 대화의 양을 통제할 필요가 있으며, 지나치게 소극적인 참여자라면 대화에 보다 적극적으로 참여하게 유도할 필요가 있을 것이다.

> 엄마: 너 지금 누구랑 사귀니?
> 아들: 여자요.
> 엄마: 그러니까 어떤 여자애랑 사귀는 거냐고?
> 아들: 우리 과 동기예요.

여자 친구를 사귀는 아들과 그 엄마 사이의 대화이다. 아들이 여자 친구를 사귀는 것을 알고서 엄마는 그 여자 친구가 누구인지 자세히 알고 싶어 아들에게 "너 지금 누구랑 사귀니?"라고 물었는데 돌아온 대답은 "여자요."라는 어찌 보면 지극히 당연한 대답이었다. 대화를 이어가기에 알맞은 양의 정보가 오고 가야 하는데 아들의 "여자요."라는 대답에는 엄마가 기대한 것에는 한참 미치지 못한 양의 정보만이 담겨 있었던 것이다. 양의 격률을 계속 어겼다면 대화가 더 이상 진행되지는 못했겠지만 그래도 아들은 엄마가 기대한 최소한의 양("우리 과 동기예요.")을 다음 대화에서 꺼내놓는다.

> A: 왜 이래? 돈 오천 원 쓴 게 그리 아까워?
> B: 그래요. 아까워요. 난 돈 만 원이면 사는 것 때문에 수모를 당하는데 당신은 인심이나 척척 쓰고….
> A: 뭘 당해?

> B: 우리 애들은 자장면, 돈가스 먹을 줄 모르는 애들인 줄 알아요? 나는 솥 못 두르는 사람인 줄 알아요? 남들은 식구 죄 끌고 나가 옷 사 입혀, 신발 사 신겨, 돈가스까지 사 먹입디다. 우리보다 못한 사람도 그럽디다. 세상에… 인심을 써? 남한테? 오천 원 가지면 우리 식구 사흘 밤낮으로 자장면으로 도배를 해도 남겠네.
>
> (TV 드라마 전원일기 중에서)

위의 예는 한 TV 드라마 중 부부 사이에 벌어진 싸움 장면을 옮긴 것이다. A가 오천 원을 썼는데 B는 그렇게 큰 돈을 남한테 함부로 쓸 수 있느냐며 서로 말다툼을 벌이는 장면이다. 감정적 다툼으로 의사소통이 원만하게 진행될 상황이 아니기도 하려니와 그 감정을 풀어내기 위해 B는 A에 비해서 매우 많은 양의 말을 쏟아내고 있다. 한쪽으로 지나치게 편향된 대화의 양은 정상적인 대화의 진행을 방해한다.

이와 반대되는 경우로 '예' 또는 '아니요'로 단답식으로 계속 대답하는 경우도, 질문하는 사람은 따지는 느낌이 들고 대답하는 사람은 추궁당하는 느낌이 들기 때문에 대화를 지속시키지 못한다고 한다. 질문하는 사람은 단답식의 대답이 나오지 않도록 폐쇄형 질문이 아닌 개방형 질문을 하는 요령이 필요하다.[41]

관련성의 격률(Maxim of Relevance)

관련성의 격률은 대화의 내용이 대화 목적, 분위기 등과 관련이 있어야 한다는 것이다. 대화 참여자가 지금까지 했던 대화 내용과 전혀 관련이 없는 말을 꺼냈다면 더 이상 대화를 진행하기는 어려울 것이다.

41) 같은 책, 208쪽.

A: 주말에 뭐하세요?
B: 날씨 참 좋네요.

A의 "주말에 뭐하세요?"라는 질문에 B가 한 "날씨 참 좋네요."라는 대답은 전혀 관련성이 없는 것이었다. B가 A와의 대화를 이어가지 않을 목적으로 의도적으로 대답한 것일 수도 있지만, 어쨌든 관련성의 격률을 어긴 대화는 더 이상 진행되기 어렵다. 이처럼 관련성의 격률은 상대방과의 기본 이해에 불일치가 생기게 하여 의사소통을 불가능하게 할 수 있으므로 가장 중요한 규칙이라고 한다. 양의 격률이나 질의 격률은 어기더라도 의사소통이 가능하기는 하지만 관련성의 격률은 어긴다면 대화가 허용되지 않기 때문이라는 것이다.[42] 따라서 대화 참여자들은 관련성의 격률을 어겨 초점에 맞지 않는 엉뚱한 말을 하지 않도록 상대방의 대화에 주목해야 한다.

태도의 격률(Maxim of Manner)

태도의 격률은 간결하고 분명하게 이야기하여야 한다는 규칙이다. 이를 위해 다음의 네 가지를 지켜야 한다. ① 모호성을 피하라. ② 중의성을 피하라. ③ 간결하게 말하라. ④ 조리 있게 순서대로 말하라.

첫째, 모호한 표현을 피해야 한다. 모호성이 나타나는 원인은 생각 자체가 모호한 것보다는 생각을 밖으로 나타낼 때 적절한 표현을 찾지 못하는 데 있다. 또는 상대방에게 자기가 지식이 있는 것처럼 가장하려는 경우나 자기가 알고 있는 사실이 널리 알려지는 것을 꺼리는 경우에 모

42) 김복순, 앞의 책, 23쪽.

호한 표현을 사용한다.[43]

둘째, 중의적 표현을 피해야 한다. 하나의 표현이 두 가지 이상의 의미를 갖게 되면 듣는 사람은 그것이 무슨 뜻인지 혼동하기 쉽다. 따라서 분명하게 의미가 전달되도록 표현해야 한다.

A: 저는 배를 무척 좋아해요. 그래서 우리 집에 배가 많았으면 좋겠어요. 하지만 진짜로 배를 본 적은 아직 없어요. 그림에서만 봤을 뿐이에요.
B: 그런데 어떤 배를 말하는 거니?

배라는 어휘가 동음이의어이기 때문에 생긴 중의적 표현이다. A의 말이 끝날 때까지 B는 어떤 의미의 배인지 혼동하면서 듣다가 마침내 그것이 무엇인지 묻게 되는 상황이다. 태도의 격률을 지켜 처음부터 분명하게 의미가 전달되도록 표현해야 한다.

셋째는 간결하게 말하라는 것인데 이는 시간적으로 간결하게 말하라는 의미이다. 넷째는 전달하는 말에 조리를 세워 그 순서에 맞게 말을 하라는 뜻이다.

A: 제가 일부러 그런 건 아니에요. 직진을 하다가 좌회전을 했어요. 운전한 지 며칠 안 됐거든요. 차도 아버지 차를 잠시 빌린 거예요. 익숙하지 않은 길에다가 늦게 간다고 뒷차가 빵빵 거리는 거예요. 빨리 달린 것도 아니에요. 좌회전을 하는데 갑자기 자전거가 튀어 나오는 바람에.
B: 당황하지 말고 차분하게, 시간 순서대로 다시 이야기해 보세요.

43) 장혜영, 앞의 책, 209쪽.

위의 대화는 A가 사고를 일으킨 것에 당황하여 그 경위를 뒤죽박죽으로 설명하고 있는 경우이다. 누구나 갑작스러운 일을 겪게 되면 당황하고 조리 있게 설명하는 것이 어려울 것이다. 이럴 때는 그 일이 일어난 시간의 순서대로 정리해 보는 것이 요령 있게 말하는 방법이 된다. 이야기의 성격에 따라 조리 있게 순서대로 말하는 기준은 달라지겠지만, 원인-결과, 시간의 순서, 공간의 이동 경로 등을 기준으로 삼아 정리해 보면 전달하려는 말의 조리를 세울 수 있다.

• 정중 어법

대화에서 예절을 지키기 위해서는 정중하게 말해야 한다. 청자가 부담을 느끼지 않게 정중하게 말하는 언어 표현을 정중 어법(Politeness Principle)이라 한다. 정중 어법은 호칭이나 높임법의 형태로 사용하는 것은 아니다. "문 닫아라"에 대해 "문 닫으십시오."로 표현하는 것이 높임법의 사용이라면, "문 닫아라."에 대해서 "문 좀 닫을까요?"의 형태로 표현하는 것이 정중 어법이다. 청자가 부담을 느끼지 않게 하려는 화자의 태도가 반영된 어법인 것이다.

"너 그것 하지 마."가 아니라 "나는 네가 이렇게 했으면 좋겠어."라고 긍정적 언어를 사용하거나 평가가 들어간 표현을 삼가는 것도 정중 어법의 한 방법이다.[44] 리치(Leech)는 다음과 같은 정중 어법의 몇 가지 방법을 제시하고 있다.[45]

44) 같은 책, 211쪽.
45) 구현정, 『대화의 기법, 이론과 실제』, 경진문화사, 2001, 187쪽 이하 참조.

요령의 격률(Tact Maxim)

요령의 격률이란 청자에게 부담이 되는 표현을 최소화 해야 한다는 규칙이다. 청자가 느끼는 부담의 크기를 줄이려면 간접적 표현을 사용하는 것이 좋다.

> A: 여보, 지금 나하고 이야기 좀 해.
> B: 여보 혹시 지금 시간 있으면 나하고 이야기 좀 하면 안 될까? 아주 잠깐이면 되는데.

A는 화자가 청자에게 자기의 의사를 직접적으로 표현한 경우이다. 이럴 경우에는 청자가 많은 부담을 느낄 수 있다. 청자가 이야기할 수 없는 피치 못할 사정이 있을 수 있는데도 A에는 청자에 대한 화자의 배려가 없다. 그에 비해 B는 청자가 느낄 수 있는 부담을 최소화한 표현이다. 청자는 이 말을 듣고 "지금은 시간이 없는데." 등 자기 나름의 거절의 이유를 댈 텐데 청자가 시간을 내지 못하는 이유를 화자가 미리 내포하여 말했다는 점에서 B에는 청자에 대한 배려가 담겨 있다. '혹시', '지금', '아주 잠깐' 등의 표현에서 화자의 배려를 읽을 수 있는 것이다.

관용의 격률(Generosity Maxim)

관용의 격률은 다른 사람이 질 부담을 화자가 가능하면 많이 지라는 것이다. 요령의 격률이 청자에게 부담이 되는 표현을 최소화 해야 한다는 규칙이었다면 이것을 화자의 관점으로 바꾸어 화자 자신에게 부담이 되는 표현을 최대화 해야 한다는 규칙이 관용의 격률이다.

A: 네 생각을 분명하게 말해야지. 도대체 하고 싶은 말이 뭔데?
B: 내가 딴 생각을 하고 있었나 봐. 네 생각을 다시 한번 말해 줄래.

A에서는 의사소통 장애의 책임을 상대에게 전가하고 있다. 상대가 분명하게 말하지 않아서 자신이 알아듣지 못했다는 것이다. 이에 비해 B에서는 그 책임을 자기 자신의 탓으로 삼고 있다. 실제로 상대 때문에 대화를 못 알아 들었다고 하더라도 화자 자신이 그에 대한 책임을 지며 자신에게 부담을 주는 표현을 쓴다면, 결국 상대가 질 부담을 화자가 대신 지게 되는 것이므로 관용의 격률을 지킨 표현이 된다.

동의의 격률(Agreement Maxim)

동의의 격률은 상대방과 동의하는 표현을 최대화하라는 규칙이다. 상대방과 일치하는 내용을 최대한으로 말하고 일치하지 않는 내용을 최소한으로 말하거나, 일치하는 내용을 먼저 말하고 일치하지 않는 내용은 뒤에 말하면 된다.

A: 여보, 오늘 저녁은 김치찌개를 해서 먹을까요?
B: 김치찌개 좋지요. 잘 익은 김치에 돼지고기를 함께 넣어서 먹으면 얼큰한 게 참 좋을 것 같아요. 그런데 이렇게 더운 날에 김치찌개 하려면 당신이 고생할 테니 오늘은 자장면을 시켜 먹는 건 어때요?
A: 그래요? 당신 말 듣고 보니, 오늘은 자장면이 낫겠어요.

김치찌개를 해 먹자는 A의 제안에 먼저 동의한 후 김치찌개보다는 자장면이 더 낫지 않겠느냐는 자신의 의견을 제안하고 있다. A의 제안에 먼저 반박부터 하고 자기 의견을 제안한 것이 아니라 충분히 김치찌개가 좋은 이유를 B 자신이 스스로 설명한 이후에 자기 의견을 제안함으로써 대화를 원만하게 진행할 수 있게 된다.

찬동의 격률(Approbation Maxim)

찬동의 격률은 상대방을 칭찬하는 말을 최대한으로 하라는 규칙이다. 칭찬의 말은 최대한으로 하고 비난의 말은 최소한으로 함으로써 효과적으로 의사소통을 진행할 수 있다.

> A: 어쩜 이렇게 김치찌개를 맛있게 끓이셨어요? 무슨 특별한 레시피가 있으신 거예요?
> B: 특별한 레시피는요, 뭘. 어머니께서 담가 주신 김치가 맛있어서 그런 것 같아요.
> A: 김치도 맛있고 우러난 찌개 맛이 너무 깔끔해요. 아내에게 많이 사랑 받으시겠어요.

'칭찬은 고래도 춤추게 한다'라고 하는데 청자의 장점을 살펴 가능한 한 최대한의 칭찬을 해준다면 원활한 의사소통이 될 수 있다. 최대한 칭찬을 해준다는 의미는 대화의 장면이 허락하는 한도 내에서 최대한이라는 의미이다. 그것을 넘게 된다면 청자는 오히려 비아냥거리는 것으로 이해할 수도 있다.

겸양의 격률(Modesty Maxim)

겸양의 격률은 자신을 칭찬하는 표현을 최소화해야 한다는 규칙이다. 상대방을 칭찬하는 말을 최대한으로 하라는 찬동의 격률을 화자의 관점으로 바꾸어 적용한 것이다.

A: 김치찌개가 참 맛있는데요.
B: 별말씀을요. 맛도 없는 김치찌개를 이렇게 맛있게 드셔주시니 제가 오히려 고맙습니다.

김치찌개가 맛있다는 A의 칭찬에 B는 그 칭찬을 최소화하는 겸양의 표현을 하고 있다. '천만에요', '별말씀을 다 하십니다.', '당치 않는 말씀입니다.'와 같은 말로 겸양 표현을 하는데 찬동의 격률에서와 같이 지나친 겸양은 상대를 무색하게 하므로 피해야 한다.

2. 발 표

2 발　표

2.1. 무엇을 말할까

대학에 들어와 처음 참석한 학과 신입생 환영회 날. 빙 둘러앉은 선후배들은 제각각 자기소개를 시작한다. 새내기인 여러분의 차례도 다가온다. 두근두근하는 마음으로 앉아있는 그 순간은 정말이지 괴롭다. 순서가 가까워 올수록 점점 더 심장 박동 수는 빨라진다. 그때 여러분 머릿속에서 끊임없이 맴돌고 있는 말은 무엇이었나? "무슨 얘기하지?"

말하기를 할 때 제일 괴로운 것은 '무엇을' 이야기할 것인가에 대한 감이 안 잡힐 때이다. 비단 자기소개에서 뿐 아니라, '무엇'을 말할지를 결정하는 일은 프레젠테이션을 할 때도, 토의나 토론을 할 때도, 심지어 대화를 할 때도 중요하다. 무엇에 대한 프레젠테이션을 할 것인지, 무슨 안건을 토의할 것인지, 무엇에 대한 논쟁을 할 것인지, 무엇에 대해 수다를 떨 것인지…언제나 이것을 먼저 결정해야만 그 다음 작업을 진행할 수 있다. 말하기의 기술, 비언어적 요소 등의 '형식'이 아무리 좋아도 말을 하는 '내용'이 부실하면 아무런 소용이 없는 법이다. 그래서 이번 챕터에서는 모든 말하기의 첫 단계로서 그 내용을 결정하는 법, 즉 주제 선정과 개요 짜기에 대해 살펴보려고 한다.

2.1.1. 발표를 위한 첫 걸음, 주제 선정

1) 가주제

말이나 글의 핵심적 내용임은 분명하나 그 범위가 지나치게 넓고 막연한 것.

앞서 예를 든 신입생 환영회의 자기소개 상황을 한 번 더 떠올려보자. “어? 자기소개를 하면 되는데, 다시 말해 〈나〉에 대해 말하면 되는데, 왜 〈무엇을〉 말해야 할지를 모른다는 거지?”라고 생각했다면, 드라마 『미생』의 ‘장그래’식으로 말해서 “당신은 하수다.” 문제는 ‘나’의 ‘무엇’에 대해 말해야 하는 지이기 때문이다.

‘자기소개’는 ‘나’를 소개하는 것이지만, 그 시간을 통해 나의 모든 것을 소개할 수는 없다는 사실이다. ‘나’라는 사람의 무엇을 소개할 것인가? 나의 이름, 성별, 가족관계, 사는 곳, 출신 학교, 성격, 장래희망, 취미, 특기, 관심사…이런 것들을 신입생 환영회에서 다 이야기할 순 없다. 분위기 깨지 않으려면 대략적으로 다른 사람들과 비슷한 정도의 시간분량 안에 소개해야 하니까. 다른 사람들보다 너무 짧으면 성의 없어 보이고, 너무 길면 사람들이 내 이야기에 어느 순간부터 집중을 안 하게 될 가능성이 크다. 그러니 적당한 시간 내에 나에 대한 몇 가지만 이야기해야 한다.

이처럼 ‘자기소개하기’라는 말하기에서 말을 해야 하는 대상으로서의 ‘나’가 바로 ‘가주제’이다. 자기소개에서는 ‘나’에 대해서 말을 하면 되지만, 아직 나에 대해서 말한다는 것이 ‘내게 주어진 시간에 비해’ 지나치게 넓고 막연한 것이다. 자기소개뿐 아니라 모든 말하기가 마찬가지이다. 대략적인 이야기의 범위를 뜻하는 가주제가 누군가에 의해 미리 결정되어 있다고 해도, 혹은 가주제를 화자 스스로 결정했다고 해도, 아직은 말을 시작하긴 어렵다. 가주제만 결정된 상황에서 말을 시작하면 말이 두서없어지기 십상이기 때문이다.

글쓰기에서도 마찬가지이다. 작문 시간이나 논술 시험 등에서 '나의 꿈', '민주주의', '한국의 교육', '인권', '웰빙', '환경', '세계평화', '역사왜곡' 등…에 대해 글을 써보라고 한다면, 그때 역시 여러분은 막막하지 않겠는가? 그 막막함의 실체 역시 그것이 '참주제'가 아닌 '가주제'였기 때문인 것이다.

좀 더 쉽게 요리에 비유하자면, '감자요리를 해보시오'라고 할 때 '감자'가 바로 가주제이다. 감자요리가 얼마나 다양한가? 삶은 감자, 감자볶음, 감자튀김, 감자조림, 감자샐러드, 감자 국, 고추장 감자찌개, 감자전, 감자수제비, 감자송편……감자를 재료로 한 요리는 너무도 많아서 일일이 다 열거할 수 없을 것이다. 이 중에서 무엇을 요리할 것인가를 다시 선택해야만 우리는 개수대든 가스레인지든 오븐 앞에든 설 수 있다.

마찬가지로, 자기소개를 할 때에도 청중(청자)에게 여러분이 말을 조리 있게 잘한다는 인상을 주기 위해서는 너무 넓고 막연한 가주제만 선정된 상태에서 말을 시작해선 안 된다. 나에 관한 수많은 정보들 중에 무언가로 좁혀서 이야기하는 것이 필요하다. 이렇게 가주제를 좁히는 작업을 '(참)주제선정'이라 부른다.

2) 참주제

말이나 글로 표출할 수 있는 한정된 주제.

우리가 흔히 말하는 '주제'는 바로 이 '참주제'를 말한다. '가주제'는 말을 해야 할 대략적인 범위를 정해주는 것이고, 그것 속에서 직접적으로 화자(혹은 필자)가 표현하고자 하는 생각이 바로 참주제이다. 따라서 주제선정이란 가주제에서 내가 직접적으로 말하고자 하는 참주제로 생각을 좁혀가는 과정이 된다.

그렇다면 무엇을 기준으로 가주제를 참주제로 좁히는 것이 좋을까? 뒤에서 '주제 좁히기'의 요령에 대해서는 좀 더 체계적으로 이야기하겠지만, 일단 여기서는 참주제로 좁힐 때 고려해야 할 사항들에 대해서 간단히 짚고 넘어가기로 하겠다. '감자요리'를 해야 할 때 우리가 어떤 요리를 할 것인가를 정하는 과정을 상상해 보자. 누가 먹을 요리인지, 어디에서 어느 상황에서 먹는지, 몇 분 안에 만들어야 하는지, 내가 할 수 있는 요리는 무엇인지, 기타 양념이나 조리도구 등은 무엇이 있는지 등에 따라 어떤 감자요리를 할지가 결정된다. 말하기에서도 마찬가지이다. 누구에게 말을 할 것인지, 어디에서 말을 하는 것인지, 몇 분 내에 말해야 하는지, 내가 말할 수 있을 만한 정보량을 가지고 있는지 등에 따라 말할 내용이 결정되어야 하는 것이다.

그중에서도 여러분이 가장 신경 써야 하는 부분은 '수신자', 즉 청자이다. 수신자가 누구인가를 생각하는 것이 가장 중요하다. 이것은 모든 종류의 말하기에서(사실은 글쓰기에서도) 항상 명심해야 하는 부분이다. '자기소개'라고 해서 '나'에 대해서만 집중하면 안 된다. '나'는 두 번째 문제이다. 이점이 말하기 초보들이 흔히 간과하는 사실이다. 자기소개를 하려고 할 때 머릿속에서 '나에 대해 뭘 말하지?'라는 고민을 끊임없이 하면서도, 지금 내가 누구한테 나를 소개하려고 하는지를 전혀 고려하지 않는 것이 자기소개를 할 때 저지르기 쉬운 치명적인 실수인 것이다.

이것은 수신자를 위해서만이 아니고 자기소개를 해야하는 나 자신을 위해서이기도 하다. 자기소개를 하라고 할 때 학생들이 가장 많이 하는 말 중 하나는 '나는 평범하게 살아와서 할 이야기가 없다'는 것이다. 이런 말을 하는 가장 큰 이유가 바로 자기소개를 준비할 때 청자를 고려하지 않고 자기 자신에만 집중했기 때문이다. '지금까지 살아오는 동안 나한테 무슨 일이 있었지?' 이런 생각으로 자기소개를 접근하면 대다수의 사람들이 특별한 경험이 없다. 당연하다. 겨우 20년 남짓한 세월 동안 초, 중, 고등학교를 다니면서 우여곡절을 겪어봐야 얼마나 겪었겠는가? 또 대학 입시 준비하느라 바빠서 공부 외의 취미나 특기를 가지고 있기도 힘들다. 따라서 계속해서 '나의 경험'에 집착하여 주제를 선정하려고 들면 오히려 아무 것도 떠오르는 게 없다.

하지만 상대방이 있다고 할 때는 달라진다. 자, 여러분이 소개팅에 나갔다고 가정해 보자. 상대방이 스포츠에 관심이 많다는 것을 안다면, 여러분은 자기가 좋아하는 운동과 관련한 이야기를 할 것이다. 상대방이 영화 보는 것을 좋아한다면, 여러분은 최근에 본 가장 재미있는 영화에 대해서라든가 자기 인생에서 가장 감명 깊게 봤던 영화에 대해 이야기를 할 것이다. 친구와 수다를 떨 때에도 마찬가지이다. 그 친구가 좋아하고 관심 있어 하는 이야기를 하는 게 당연하지 않은가? 정치, 시사 문제에 관심이 많은 친구와 대화할 때의 '나'와 연예인의 사생활에 관심이 많은 친구와 대화할 때의 '나', 가족 간의 갈등 문제로 고민이 많은 친구와 대화할 때의 '나'와 연애 상담을 해오는 친구와 대화할 때의 '나'는 모두 한 사람이지만 서로 전혀 다른 이야기를 하게 되지 않는가? 청중 앞에서 말을 할 때도 이런 방식으로 접근해야 한다. 청중들이 관심 있어 하는 문제를 항상 고려해서 이야기를 해야 '커뮤니케이션', '공유', '공감'이 가능하다.

다시 앞의 신입생 환영회의 경우로 돌아가면, 신입생 환영회 자리에서 자기소개를 할 때 무엇에 관해 자기소개를 했을 때 좋은 자기소개가 될 것인가? 그들이 나에게서 듣고자 하는 이야기는 무엇일까? 신입생환영회 자리라면, 그 자리의 청중은 학과 선배들과 동기들이다. 이들에 대한 구체적인 정보는 신입생이기에 그다지 많지 않을 것이다. 하지만 대략적인 특징들은 짐작할 수 있다. 그들은 나와 같은 전공을 선택한 사람들이고 나와 비슷한 또래의 연령, 지적 수준을 가졌기 때문이다. 이러한 부분에 착안하여 청중들에 대한 대략적인 파악을 하면, 그들의 관심사를 예측할 수 있다. 만약 자기소개의 차례가 내가 맨 처음이 아니라면 다른 신입생의 자기소개 과정을 통해 청중들을 좀 더 파악해볼 수도 있다. 어떤 자기소개에 반응이 좋고 나쁜지를 눈여겨보는 것이다. 이러한 방식으로 청중에 대한 정보를 최대한 모아 나의 자기소개의 참주제를 선정하면 성공적인 자기소개가 될 확률이 매우 높아진다.

다른 말하기의 경우에도 마찬가지이다. 항상 수신자를 먼저 떠올려서, 그들에 맞춘 말하기 주제를 선정해야만 좋은 말하기가 된다. 회사 면접이라면, 그 회사의 업무, 비전, 규모, 역사, 분위기, 구조, 면접관들의 성향 등을 먼저 조사한 뒤에 면접에서의 말하기 준비를 하라. 소개팅 자리에 가서 대화를 하려면 소개받을 상대의 관심사를 최대한 고려하여 그 사람이 흥미로워할 만한 나의 경험이나 취미, 관심사를 이야기하는 것이 좋다. 프레젠테이션을 할 때에도 이 PT가 누구 앞에서 하는 것이냐에 따라 주제가 달라질 수 있으며, 강연을 할 때에도 청중들의 지적 수준이나 관심사를 반영한 주제 선정이 필수적이다.

그 이후에 주제 좁히기를 위해 고려해야 할 사항들은 다음과 같은 것들이 있다.

① 주제가 청자의 성별, 연령, 지역, 지적 수준, 관심사 등에 맞아야 한다.
② 주제가 화자의 관심사이기도 하여야 진정성 있게 이야기할 수 있다.
③ 주제가 화자의 능력으로 다룰 수 있을 만한 것이어야 편안하고 깊이 있게 말할 수 있다.
④ 주제의 폭이 화자에게 주어진 시간 안에 다룰 수 있는 정도여야 한다.
⑤ 주제가 새로운 것이어야 청중들이 지루해하지 않는다.
⑥ 주제가 이야기할 만한 가치가 있는 것이어야 청중들이 납득한다.

요컨대, (참)주제는 청자의 성별, 연령, 지역, 지적 수준, 관심사 등을 제일 먼저 고려한 뒤에 발표자의 관심사, 지식 및 능력, 정보의 양 등과 발표 시간 및 발표 장소의 여건을 고려하여 선정해야한다. 덧붙여 나 이외에 여러 명의 다른 발표자가 있을 경우, 그 사람들과의 차별화할 수 있는 참신한 주제를 선택하면 금상첨화일 것이다.

한 가지 더 기억할 것은, 가주제와 참주제를 구분하는 기준은 절대적인 것이 아니라는 점이다. 누군가에겐 너무 막연한 듯 보이는 주제여서 가주제밖에 될 수 없는 것이 다른 사람에겐 그 방대한 내용을 다 다룰 시간과 역량이 있어 참주제가 될 수도 있다.

예를 들어 여러분과 같은 대학생이 '해양환경오염'을 가지고 5분 스피치를 한다면 이때 '해양 환경오염'은 가주제가 된다. 5분 안에 해양환경오염에 관한 모든 정보를 이야기하는 것은 물리적으로도 불가능할뿐더러, 여러분에게는 그에 관한 해박한 전문지식이 없기 때문이다. 하지만 해양학자에게 있어서 3시간 동안의 강연 주제로는 '해양환경오염'이 가주제가 아닌 참주제가 될 수도 있다.

여러분에게 1시간동안 자기소개를 하라고 할 때와 3분 동안 자기소개를 하라고 할 때의 주제의 폭은 달라질 수밖에 없다. 화자의 역량과 주어진 시간에 따라 어떤 주제가 가주제/참주제인가는 가변적이다.

3) 주제문

주제에 대한 화자 또는 필자의 중심 생각(의견 또는 태도)을 분명하게 밝혀 쓴 문장으로, 이야기의 전체적인 내용이나 논의 방향을 제시.

주제문이란 참주제를 가지고 나의 생각이 담긴 문장으로 만든 것이다. 학생들 중에는 주제문을 주제와 혼동하는 경우가 흔하다. 자기소개를 위한 주제문을 작성해서 제출하라고 할 때 '나의 꿈', '나의 어릴 적 여행 경험', '나의 가족 이야기' 같은 것을 써서 내는 학생들은 주제문이 무엇인지를 제대로 알지 못하는 것이다.

주제문이 무엇인가를 이해하려면 '주제'와 '주제문'을 구별할 줄 알아야 한다. 주제란 내가 말을 하려고 하는 대상을 의미한다. 폭이 넓고 막연한가, 폭이 좁고 구체적인가의 차이만 있을 뿐, 가주제이건 참주제이건 간에 그것은 나의 말하기로 결정한 대상이다. 즉, "오늘 난 ○○에 대해서 말해야겠다."라고 결심할 때 ○○에 해당하는 것이 주제이다. 그런데 주제문은 그 ○○에 대한 나의 생각, 의견이 무엇인지까지 밝혀주어야 하기 때문에 ○○의 뒤에 서술어가 있어야 한다. 그리고 내 생각에 ○○이 어떠하다는 것인지가 그 서술어에 들어있어야 한다.

앞의 예로 말하면, '나의 꿈', '나의 어릴 적 여행 경험', '나의 가족 이야기' 같은 것은 주제이다. 그리고 주제문은 '나의 꿈은 유엔난민기구에서 전 세계의 난민 보호를 위해 일하는 것이다.', '나의 어릴 적 여행 경험은 나로 하여금 처음 보는 사람들을 쉽게 믿도록 만들었다.', '나의 가족들 덕분에 나는 지금처럼 밝고 유쾌한 성격이 되었다.' 등의 형태여야 한다.

또 한가지 명심할 것은 주제문이 "~~에 대해 알아보자", "~~을 소개한다.", "~~은 무엇일까?"와 같은 형태가 되면 안 된다는 사실이다. 이러한 문장은 '주제'에 대해선 알려주는 것이지만('~~'부분이 주제이다), 주제문으로서는 부족하기 때문이다. '알아보자', '소개한다', '무엇일까?' 등은 '알아보니' 어떠했다는 것인지, 어떻다고 '소개한다'는 것인지, '무엇인지'를 밝혀주지 않은 문장인 것이다. 주제문은 '~~'부분이 '어떠어떠하다'라는 내용이 나와야 완성된다.

• '가주제' - '주제' - '주제문' 의 차이

가주제	주제	주제문
나	나의 꿈	나의 꿈은 유엔난민기구에서 전 세계의 난민 보호를 위해 일하는 것이다.
	나의 어릴 적 여행 경험	나의 어릴 적 여행 경험은 나로 하여금 처음 보는 사람들을 쉽게 믿도록 만들었다.
	나의 가족 이야기	나의 가족들 덕분에 나는 지금처럼 밝고 유쾌한 성격이 되었다.

글쓰기를 할 때에는 주제문도 완벽하게 준비한 뒤에 글을 쓰기 시작하는 것이 정석이다. 하지만 말하기의 경우에는 급한 상황에선 주제를 정하는 수준에서 말하기를 시작할 수도 있다. 하지만 주제만을 결정한 상태에서 말을 하다보면 중간에 갑자기 '내가 무슨 말을 하려고 했지?'라는 생각이 들거나, 이야기의 마무리가 안 돼서 말끝을 흐리게 되는 경우가 있다. 따라서 말하기의 경우에도 가급적 주제문까지 미리 만들어 놓

은 뒤에 말을 시작하는 습관을 기르는 것이 바람직하다.

4) 주제 선정을 위한 아이디어 생성 방법

가주제에서 참주제로 주제를 좁히기 위해서, 그리고 좁힌 주제를 가지고 말하기를 하기 위해서는 아이디어를 모으는 과정이 필요하다. 가주제에서 떠오른 여러 가지 생각들 중에 자신이 말을 해야 하는 상황(앞서 언급한 청자와 화자, 발표 장소 및 시간 등의 여건)에 맞는 아이디어를 선택하는 것이다.

이때 아이디어를 모으면서 나의 관심사나 내가 특별히 많은 정보를 가지고 있는 분야가 무엇인지를 깨닫게 될 수도 있다. 자신이 많이 떠올린 아이디어는 곧 나의 지식과 관심사를 반영한 것일 수밖에 없기 때문이다. 그러므로 이때 주로 많이 나온 아이디어들 중에서 주제를 선정하는 것이 말하기를 좀 더 수월하게 할 수 있는 방법이다.

또한 이 과정에서 나온 아이디어들은 주제 선정 후 그냥 폐기하는 것이 아니라 말하기의 재료로 사용한다. 주제와 연관된 아이디어로 떠올렸던 것들은 우리가 말하고자 하는 이야기와 밀접한 것들이므로 세부적인 내용을 구성할 요소들로 활용하는 것이다. 따라서 아이디어 생성을 충실하게 하면 그만큼 주제선정과 말하기가 쉽고 짜임새있어진다.

(1) 목록 작성하기(listing)

주제와 관련된 아이디어와 세부사항들을 단어나 구의 형태로 나열하여 끌어 모으는 방식으로, '브레인스토밍(brainstorming)'으로도 알려져 있다. 브레인스토밍 방법은 원래 광고회사의 회의 방법에서 유래한 것이라고 하는데, 하나의 대상에 대해 생각나는 아이디어들을 최대한 많이 끄집어내어 창의적인 발상을 하려는 목적으로 고안된 회의방식이다. 이 방법을 복수의 회의참여자가 아닌 개인이 실행하여 주제를 선정하는 데에도 활용할 수 있다. 그 요령은 다음과 같다.

① 종이 위에 가주제를 적는다.
② 일정한 시간 동안 가주제와 관련하여 머릿속에 떠오르는 단어, 구들을 아무런 제약 없이 적어 나간다. 이 때 논리적으로 생각하거나 이미 쓴 목록에 대해 다시 생각하지 말고, 가능하면 빠른 속도로 목록을 적어 내려간다. 오히려 검열과 반성을 많이 할수록 아이디어가 위축된다.
③ 시간이 종료되면 작성한 목록을 검토하면서 서로 관련이 있는 것들을 몇 개의 그룹으로 묶고, 관련이 없거나 중복되는 항목은 삭제한다. 각 그룹 중 하나를 선택하여 주제로 삼는다.
④ 여기에서 더 나아가 주제에 대한 나의 입장을 떠올려 주제문을 작성해볼 수 있으며, 선택된 그룹의 다른 단어들을 활용하여 이야기의 내용으로 삼을 수도 있다.

▶ 목록 작성하기 연습

'TV'를 가주제로 하여 목록작성하기 방법으로 아이디어를 모으고, 이를 토대로 주제를 선정해보자.

(2) 자유연상쓰기(freewriting)

한정된 시간 동안 주제에 대해 생각나는 모든 것을 문장이나 구의 형태로 적어나가는 방식. 목록작성하기 방법과 큰 차이는 없지만 단어, 짧은 어구 형태로 적어 나가는 목록작성하기보다 서술형의 아이디어를 모아간다는 점에서 조금 다르다. 문장이나 긴 구절 형태로 적어야 하기 때문에 목록작성하기의 방법보다 정제된 생각을 요하는 아이디어 생성 방법이다. 따라서 생각의 폭이 제한적일 수 있다는 단점이 있다. 하지만 작성된 문장들 중에는 주제문으로 바로 사용할 수 있는 아이디어가 있을 수도 있다는 장점도 있다.

① 종이 위에 주제를 적는다.
② 시간이나 분량을 정해 놓고, 아이디어가 소진될 때까지 가주제에 관해 생각나는 것을 멈추지 않고 계속 써 내려간다. 쓰는 동안에는 아이디어의 흐름을 방해해서는 안 된다. 떠오른 그대로를 쓰고, 쓴 것에 대해 더 이상 생각하거나 검토하지 않는다.
③ 적은 내용을 읽어보고 이야기에 포함시킬 만한 아이디어를 주제나 주제문으로 활용한다.

▶ 자유연상 연습

'청년 실업률'을 가주제로 하여 자유연상 쓰기로 아이디어를 나열해보고 이를 토대로 주제문을 작성해보자.

(3) 다발짓기(clustering)

생각의 지도 만들기로, 마인드맵(mind-mapping)이라고도 부른다. 처음의 생각을 분야에 따라 몇 개의 가지로 나누어 심화 발전시켜나가 다발을 만들어가는 방식이다. 보편적으로 아이디어 생성하기에 가장 효율적인 방법이라 할 수 있다. 아이디어들을 다발 형태로 써놓는 과정이 목록작성하기에서 아이디어 나열 후의 분류, 수정, 삭제, 재배열 과정을 대체하기 때문에 손이 덜 가는 것이다. 여러 개의 다발들을 만들어 가주제와 관련된 다양한 측면을 체계적으로 사고할 수 있다는 점도 장점이다. 그러나 처음에 만들어놓은 분류 가지에 한정되어 아이디어를 뻗어나가기 때문에 창의적인 아이디어를 뽑아내는 데에는 어려운 면이 있다.

① 종이 한가운데 가주제를 적고, 동그라미를 그린다. 이 것이 중앙의 풍선이 된다.
② 가운데 풍선 주위에 풍선을 그리고, 여기에 주제와 관련하여 떠오른 생각들을 적은 다음, 중앙의 풍선과 직선으로 연결한다.
③ 새롭게 만들어진 풍선을 중심으로 다시 관련된 생각을 적어가면서 풍선 다발을 만들어간다.
④ 모든 과정을 마친 다음 아이디어들 간의 관계를 살펴보고, 주제와 관련된 참신한 '관계들'이 없는지 살펴본 다음, 어떤 풍선 다발을 글쓰기에 채택할지 결정한다.

▶ 다발짓기 연습

'한국의 대학입시'를 가주제로 하여 다발짓기로 아이디어를 생성한 뒤 이야기할 다발을 하나 선택하고, 이것을 가지고 주제와 주제문을 작성해 보자.

(4) 벤다이어그램 만들기

우리가 수학 시간에 배운 '집합'에서의 벤다이어그램 형태를 이용하여 아이디어를 모으는 방법이다. 따라서 차집합(차이점), 교집합(공통점)이 필요한 두 개 이상의 가주제를 가지고 비교, 대조하여 이야기를 해야 할 경우에 적절한 방식이다.

① 가주제 A, B 각각의 이름을 적은 두 개의 큰 원을 부분적으로 겹치게 그린 다음, 겹치는 공간에는 공통점을, 그 좌우 공간에는 차이점을 적는다.
② 공간을 채운 다음 어떤 항목을 채택할지 결정한다. 공통점이나 차이점의 한쪽만 선택할 수도 있고, 때에 따라 두 가지를 모두 선택하되 어디에 중점을 둘 것인지만 결정할 수도 있다.
③ 그에 따라 주제를 설정한다.: A와 B의 공통점/ A와 B의 차이점/A와 B의 비교/A가 B와 다른 이유…

▶ 벤다이어그램 그리기 연습

'기숙사 생활'과 '원룸 생활'을 가지고 벤다이어그램 그리기로 아이디어 생성을 해보고, 둘 사이에 공통점과 차이점 중 어떤 것을 가지고 이야기하는 것이 좋을지 선택해보자.

(5) WH-질문하기

'언제?, 어디서?, 누가?, 왜?, 무엇을?, 어떻게?' 등 육하원칙에 따라 가주제에 대해 되도록 많은 질문을 던짐으로써 아이디어와 세부 사항을 생성해 내는 방식. 항상 활용할 수 있는 아이디어 생성방법은 아니고, 주로 역사적인 사실이나 인상적인 사건, 영화 · 소설 등의 줄거리 등을 말해야 할 때 사용할 수 있다.

▶ **WH-질문하기 연습**

'세월호 사건'을 가지고 WH-질문하기로 그 세부적인 사항을 정리해보고, 이 중에 어떤 질문에 초점을 맞추어 이야기하면 좋을지 선택해보자.

아이디어 생성방법	장 점	단 점
목록작성하기	창의적인 아이디어 도출.	아이디어가 무작위로 나열되어서 이를 다시 정리하는 후반 작업에 시간 소요가 많음.
자유연상쓰기	주제에 대한 화자의 입장, 견해를 정리해가며 아이디어를 생성할 수 있음.	문장의 형태로 아이디어를 만드는 작업 자체가 쉽지 않음.
다발짓기	주제와 관련한 체계적인 접근을 용이하게 만들어줌. 아이디어 생성 과정을 활용해 개요작성을 하기에 효율적.	분류 체계에 매여 사고의 폭이 제한될 수 있음.
벤다이어그램 그리기	두 개 이상의 대상을 비교, 대조할 때 사용	사용 가능한 가주제가 한정적임.
WH-질문하기	서사적 사건을 대상으로 아이디어 수집할 때 적합	

아이디어 생성 방법들은 가주제 및 자신이 원하는 주제의 성격에 따라 선택하여 활용해 볼 수 있다. 목록작성하기는 창의적인 주제를 만드는 데에 효과적이며, 자유연상 쓰기는 주제에 대한 나의 입장을 정리하며 아이디어를 모으는 데에 적절하다. 다발짓기는 주제와 관련한 체계적인 접근을 용이하게 만들어주고 아이디어 생성 과정을 활용해 개요작성

을 하기에도 효율적이다. 벤다이어그램은 두 개 이상의 대상을 가지고 주제를 선정할 때, WH-질문하기는 스토리(서사)가 있는 대상에 대한 아이디어를 모을 때 적합하다.

5) 주제선정 시의 유의사항

가주제 ➔ 아이디어 생성하기 ➔ (참)주제 선정➔ 주제문 작성➔ 개요

말하기를 시작하기 전에 제일 먼저 할 일은 주제의 선정이다. 주제 선정을 위해서는 먼저 내가 말해야 하는 범위를 결정해 주는 '가주제'를 확인한다. 가주제는 미리 주어져 있는 경우도 있고, 가주제도 본인이 정해야 하는 경우가 있다. 후자의 경우는 가주제를 선정하기 위해서도 아이디어 생성하기 방법을 써야하는데, 이때에는 아직 주어진 것이 아무 것도 없기 때문에 머리에 떠오르는 것을 목록작성하기(브레인스토밍) 방법으로 나열해 보는 것이 가장 효과적이다.

가주제가 정해진 후에는 이를 가지고 아이디어 생성하기 방법(목록작성하기, 자유연상쓰기, 다발 짓기, 벤다이어그램 그리기, WH-질문하기 등에서 선택)을 통해 여러 생각들을 자유롭게 펼쳐 놓는다. 그런 다음 이 중에 청중들의 관심사, 지적 수준, 연령, 성별, 취향, 지역 등과 나의 관심사 및 정보의 양, 내게 주어진 시간 및 여건 등을 고려하여 참주제를 선택하면 된다. 주제문은 참주제에 대한 나의 입장, 의견을 반영한 하나의 문장을 만드는 것이다.

말하기의 주제를 선정할 때 유의할 점은 다음과 같은 것들이 있다.

① 주제를 선정할 때 제일 먼저 고려해야 할 것은 수신자(청자, 청중)이다.
② 주제는 청자의 성별, 연령, 지역, 지적 수준, 관심사 등을 제일 먼저 고려한 뒤에, 발표자의 관심사, 지식 및 능력, 정보의 양 등과 발표 시간 및 발표 장소의 여건을 고려하여 선정해야한다.
③ (참)주제는 가주제에 비해 내가 말을 하고자 하는 직접적인 대상이며, 주제문은 그 대상에 대한 나의 생각을 드러낸 진술이다.
④ 주제문은 주어 서술어가 포함된 완결된 문장으로, 의문형이나 청유형이 아닌 평서형이어야 한다.

▶ **연습문제**

다음의 가주제를 아이디어 생성방법을 활용해 참주제와 주제문으로 만들어보자.

① 나
② 성(性), 세대, 빈부, 대학, 정치, 미디어 (중 택 1 또는 2)

2.1.2. 발표 준비를 위한 개요작성

1) 개요(outline)의 개념

말이나 글의 전체적인 내용과 그 짜임새를 보여 주는 글의 설계도.

자, 주제와 주제문을 작성하였다면 이제 이 주제문을 잘 전달하기 위해 어떤 순서로 이야기를 하면 좋을지에 대해 고민해야 한다. 어떤 이야기로 시작해서 어떤 이야기를 집중적으로 다루다가 어떤 말로 마무리를 할 것인가를 계획해야 하는 것이다.

개요는 글을 쓸 때에도 중요한 준비절차이다. 내용의 전개라든지, 그 시간적, 논리적, 정서적 연결 관계가 모두 개요를 통해서 드러난다. 글의 개요를 제대로 작성하지 못하면, 글쓴이가 말하고자 하는 주제가 무엇이며, 글의 각 부분의 화제들이 서로 어떻게 관련되어 전체적인 주제를 구성하는지 제대로 이해하기 어렵다. 말을 할 때에도 마찬가지이다. 무턱대고 '무엇에 대해 이야기해야겠다.'는 생각만으로 발표석상에 서면 조리있는 말하기가 될 확률이 매우 적다.

글쓰기에 비해 말하기에서의 개요는 좀 더 간단하게 작성해도 된다. 너무 복잡한 구조로 개요를 작성하면 그것을 다 기억하지 못해 앞에서 발표할 때 실수를 할 가능성도 높아지기 때문이다. 자기소개와 같이 짧게 말을 할 기회가 주어진다면 간결하면서도 논리적으로 자연스러운 흐름을 정해주는 정도의 개요가 효과적이다. 그러나 프레젠테이션처럼 시각자료 등 다른 보충자료와 함께 발표를 한다거나, 강연 등 긴 시간 동안의 발표가 필요한 경우에는 치밀한 개요작성이 도움이 될 수 있다.

2) 개요의 작성방법

개요 작성은 다음과 같은 순서로 진행하는 것이 효율적이다.

① 자신이 하고자 하는 이야기에 적합한 주제를 선정한다.
② 이야기의 주제를 명시적으로 표현할 수 있는 주제문을 작성한다.
③ 이야기의 내용이 될 만한 화제들을 조사된 자료를 토대로 나열해 본다.
④ 이야기의 주제에 직접적으로 관련되는 화제들을 중심으로 추가 ·

삭제 · 재배열을 한다.

⑤ 최종 개요를 위해 선택된 화제들을 상위항목과 하위항목으로 나누어 계층적으로 구조화한다. 즉 화제들을 계층적으로 보여 준다.

⑥ 상위항목과 하위항목에 번호를 부여하면서 최종적으로 화제의 순서를 조정한다.

위의 순서 중 ①, ②번은 앞 절에서 배운 '주제 선정하기' 과정에 해당하는 것이고 ③부터가 본격적인 개요 짜기에 해당하는 과정들이다. '화제'란, 글의 구조를 설명할 때 주로 동원되는 개념이다. 하나의 글에서 '하나의 중심 생각을 가진 글의 기본 단위'를 '문단'이라고 하는데, 이 하나의 문단이 그 문단에서 중점적으로 다루는 대상을 '화제'라고 부른다. 개요를 짤 때에도 문단의 중심 대상들인 이 화제들이 기본 구성요소가 된다.

화제는 아이디어 생성하기 과정에서 모은 것들을 잘 활용하면 효과적이다. 주제 선정을 하기 위해 떠올렸던 생각, 단어, 구절, 문장, 개념 등을 화제로 활용하여 이야기하려는 내용에 포함시키는 것이다.

상위항목과 하위항목이란 개념들의 구조에서 이해될 수 있다. 모든 개념들은 무언가를 '포함하는 개념'과 '포함되는 개념'들로 구조화되어 있다. 예를 들어 '고래'는 '포유류'에 포함되고, '포유류'는 '척추동물'에 포함된다. '척추동물'은 '포유류' 이외에도 '어류', '파충류', '조류', '양서류'를 포함하며, '포유류'에는 '고래'외에도 '인간', '토끼', '개', '호랑이' 등 다양한 포유동물들이 포함되어 있다. 이때 무언가를 포함하는 개념을 '상위개념'이라고 하고, 무언가에 포함되는 개념을 '하위개념'이라고 하는데, 이러한 '상위/하위'개념을 항목에도 적용한 것이 '상위항목', '하위항목'이다. 화제들이 있을 때 그 화제들 사이에 위계를 정리하여 포함관계로 보아 무언가를 포함하는 항목들은 '상위항목'으로 위치지어주고 그 '하위항목'으로 세부사항들을 배치시키는 것이다.

• 상위 / 하위 항목 배치의 예

1. 나의 성장과정		…상위항목
	1.1. 나의 유년시절	…하위항목
	1.2. 나의 소년시절	
	1.3. 나의 청년시절	
2. 나의 현재 모습		…상위항목
	2.1. 좋은 점	…하위항목
	2.2. 나쁜 점	
3. 나의 미래에 대한 계획		…상위항목
	3.1. 일과 관련된 계획	…하위항목
	3.2. 인간관계와 관련된 계획	

3) 개요의 종류

개요는 크게 내용상의 종류와 형식상의 종류로 나뉜다. 내용상의 종류는 어떤 순서로 이야기를 할 것인가를 결정하기 위해 참고할 수 있는 것들이고, 형식상의 종류는 개요의 작성 방식에 대한 것들이다. 내용상의 유형들은 하나의 이야기에서 여러 개의 개요 유형을 복합적으로 조합해서 만들 수 있는 반면, 형식상의 유형은 하나의 개요에서 일관되게 하나의 유형만을 선택해서 작성해야 한다. 먼저 내용상의 종류들을 살펴보며 자신이 말하고자 하는 주제에 적합할 개요를 취사선택해 보자.

(1) 개요의 내용상 종류

A. 배열방식에 따른 개요 구조

a. 병렬적 구조

대등한 제재들을 나란히 나열하여 주제를 밝히는 구조. 누군가를 이해시키거나 설득할 때 두루 쓰이는 가장 무난한 개요 구성 방식이다. 병렬적 구조를 짤 때에는 같은 성질의 것을 한데 묶는 분류작업을 하고, 그것들 각각을 특정 상위 항목의 하위 항목으로 분류한다.

> 예〉 나의 취미
> ① 음악 감상
> ② 독서
> ③ 영화 감상

b. 점층적 구조

중요성이 덜한 것에서 더한 것으로 나아가는 구조. 설명을 하거나 주장을 하는 말하기에 흔히 쓰일 뿐 아니라 감정의 고양을 이끌어낼 수 있다는 점에서 선동을 하거나 사랑 고백과 같은 문예적 성격의 이야기에도 적합하다. 이때에는 쉬운 것에서 어려운 것으로, 단순한 것에서 복잡한 것으로, 사소한 것에서 거창한 것으로, 주변적인 것에서 본질적인 것으로 배열을 한다.

점층적 구조는 병렬적 구조와 큰 차이는 없으나 화자(필자)가 중요도에 따라 순서를 달리 하는 것으로서, 말이나 글을 구성할 때 항상 염두에 두고 있는 것이 좋다. 즉 무언가 여러 개의 화제들을 이야기하려고 할 때에는 그들 중 좀 더 중요한 것과 덜 중요한 것이 무엇인지를 한 번 더 생각해 보고 전자를 뒤쪽에 배치시키는 것이 바람직하다.

예〉 나의 소원
① 나의 가족들의 건강과 행복
② 우리나라의 성장과 발전
③ 인류 모두의 번영과 평화

예〉 내가 너를 사랑하는 이유
① 너의 외모
② 너의 외적인 조건
③ 너의 나에 대한 한결같은 마음

c. 대비적 구조

대비적인 문제를 함께 비교 대조하면서 구체화해 나가는 구조. 설명과 논증에 자주 쓰이는데, 두 개 이상의 대상을 가지고 이야기를 풀어갈 때 적합한 구조이다. 공통점을 위주로 이야기를 할 것인가, 차이점을 위주로 이야기할 것인가에 따라 순서가 달라지는데, 중점적으로 이야기하고자 하는 쪽을 뒤에 배치한다. 이것은 앞서 말했듯 '중요한 것을 나중에' 이야기하는 것이 일반적인 이야기의 순서이기 때문이다.

예〉
1. 동양 의학과 서양의학의 공통점
   ① 병의 발견과 치유
   ② 건강증진
2. 동양 의학과 서양의학의 차이점
   ① 총체적/분석적
   ② 경험적/실험적
   ③ 방어적/공격적

B. 서술전개에 따른 개요구조

a. 시간적 구조

시간의 흐름에 따라 전개하는 구조. 발생-진행-결말의 순으로 전개한다. 연대기,

예〉 나의 꿈의 변천사
① 초등학교 시절: 대통령
② 중학교 시절: 선생님
③ 고등학교 시절: 가수

평전, 자서전, 기행문, 기사문 등에 자주 쓰이는 개요 구조로서 자기소개를 할 때에도 흔히 시간적 구조에 따라 자신의 성장과정 등을 언급하게 된다.

b. 공간적 구조

장소의 이동이나 시선의 이동에 따라 전개하는 구조이다. 기행문이나 답사나 조사 보고서, 관광안내문 등을 쓰기 위해선 공간적 배치에 따라 이야기의 순서를 잡는 것이 효과적이다. 말하기의 경우 청자에게 특정 장소를 말로 설명한다거나, 자신이 본 것을 묘사하여 말할 때 주로 쓰인다. 이때 배치의 순서는 근경에서 원경, 또는 원경에서 근경 순으로, 부분에서 전체, 또는 전체에서 부분 순으로, 좌에서 우, 또는 우에서 좌로 할 수 있는데 연속되는 이동 경로에 따라 배열하는 것이 좋다.

> 예〉 우리 집의 풍경
> ① 현관문을 들어서며
> ② 거실의 모습
> ③ 부엌의 모습
> ④ 안방의 모습

c. 시공간 복합 구조

시간적 전개와 공간적 전개가 병행되는 구조. 기행문은 일반적으로 시간이 흐름에 따라 장소도 이동하게 되어있기 때문에 시공간 복합구조가 자주 쓰인다. 또한 '담배의 전파 과정'과 같은 것에 대해 설명을 할 때에도 시간의 흐름에 따라 전파 경로도 진행되기

> 예〉 노고단 등반 경험
> 1. 아침 ① 화엄사 도착
> ② 화엄사 경내 답사
> ③ 화엄사 계곡 답사
> 2. 정오 ① 노고단 입구 도착
> ② 노고단 원경 조망
> ③ 노고단 산길 답사
> 3. 저녁 ① 노고단 정상 도착
> ② 뭍 봉우리의 조망
> ③ 하늘, 해, 푸르름의 조화

때문에 시공간 복합구조가 적합할 것이다.

C. 문제제기 방식에 따른 개요 구조

a. 원인 결과 구조

어떤 문제에 대해 원인을 밝히거나 결과를 분석하는 구조. 이 구조는 주제가 무언가에 대한 문제의식을 바탕으로 작성되었을 때 주로 사용하고, 기사문, 논증문, 실험보고서 등에 적합하며, 말하기에서도 프레젠테이션, 주장하는 말하기에 자주 쓰인다. 원인결과 구조에서도 특정 현상에 대한 원인을 분석하는 경우(원인 중시형)와 어떤 요소가 원인이 되어 일어나게 되는 결과, 영향 등을 논의하는 경우(결과 중시형)는 서로 이야기의 순서가 다르다. 앞서 언급했듯 중요한 것은 뒤에 놓여야 하기 때문에, '원인 중시형'에서는 결과를 먼저 언급한 뒤에 원인들을 차례차례 나열하는 형태를, '결과중시형'에서는 원인을 먼저 언급한 뒤에 그것이 초래하는 결과를 자세히 다루는 형태를 취한다.

- 원인 중시형: 결과 → 원인1, 원인2, 원인3
- 결과 중시형: 원인 → 결과1, 결과2, 결과3

예〉(원인 중시형) 공룡 멸종의 원인 ① 혜성 충돌과 기후의 변화 ② 공룡의 비대화 ③ 포유류의 등장 ④ 식물상의 변화	예〉(결과 중시형) 조기 사교육이 유아의 발달에 미치는 영향 ① 인지적 측면의 영향 : 학습의 효과, 문제해결력, 자율성, 창의성 ② 정서적 측면의 영향 : 스트레스, 무기력, 주의집중력 ③ 사회적 측면의 영향 : 타인에 대한 배려, 자신감, 또래관계

b. 문제 해결구조

현상들을 정리해 문제점을 제시하고 그 문제에 대한 해결책을 제시하는 구조이다. 정보전달을 목적으로 하거나 설득을 목적으로 하는 말하기에서 흔히 쓰이고, 설명문, 논증문, 신문사설 등에도 적합하다.

예〉 고령화 사회와 그 해결방안	
1. 고령화 사회의 문제점	① 노동 인구의 감소
	② 젊은 세대의 노인층 부양 부담
	③ 출산 가능 인구의 감소에 따른 급격한 인구저하
2. 고령화 사회의 해결방안	① 출산장려 정책
	② 실버산업 육성
	③ 사회보장제도의 확충

c. 찬반 양론 구조

어떠한 논제에 대하여 찬성과 반대의 양쪽 의견이 분분한 경우에 주로 선택하는 구조로서, 기존의 찬성, 반대 양론을 제시한 뒤 자신의 견해를 제시하는 순서로 전개된다. 찬반 양론 구조에도 부정적 절충형과 긍정적 절충형이 있는데, 전자는 반대 의견을 중시하는 것이므로 찬성 의견을 먼저 제시한 뒤 반대 의견을 제시하고, 후자는 반대 의견을 먼저 제시한 뒤 찬성 의견을 제시한다. 그런 다음 이를 종합한 자신의 의견을 거기에 덧붙인다.

- 부정적 절충형: 찬성1, 찬성2/ 반대1, 반대2, 반대3 → 종합
- 긍정적 절충형: 반대1, 반대2/ 찬성1, 찬성2, 찬성3 → 종합

예〉 사형제도의 폐지(긍정적 절충형)	
1. 사형제도 폐지 반대론	① 극악무도한 범법자를 감호시설에서 관리하기 위한 세금 낭비
	② 사형제도가 가지는 일벌백계의 역할
2. 사형제도 폐지 찬성론	① 개인에 대한 인권 침해
	② 법의 이름으로 행해지는 국가 차원의 살인
	③ 범죄자의 참회 기회 박탈
	④ 오심의 우려
3. 종합 - 사형제도 폐지의 가치	

(2) 개요의 형식상 종류

A. 화제개요 : 각 항목의 표제나 부제를 단어나 구로 표현한 것

B. 문장개요 : 각 항목의 내용을 문장으로 표현한 것

C. 혼합개요 : 화제개요+문장개요

개요의 내용상 종류들은 자신의 이야기를 어떤 내용으로 구성하고 어떤 순서로 배치할 것인지를 결정하기 위해 참고하는 유형들이다. 하나의 글이나 말에서 여러 개의 개요의 내용상 종류들이 활용될 수 있다. 예를 들면 나의 자기소개를 위해 나의 성장과정을 다루는 앞 부분에서는 '시간적 구조'로, 나의 특별한 경험와 그로 인한 나의 성격의 변화에 대한 내용은 '원인 결과 구조'로, 나의 성격을 고치기 위한 나의 계획은 '문제해결구조'로 개요를 짤 수 있다. 즉, 하나의 자기소개 안에 '시간적 구조+원인결과 구조+문제해결구조'의 형태가 복합적으로 들어갈 수 있는 것이다.

반면에 형식상 종류들은 개요를 작성할 때 표현을 어떤 식으로 할 것

인가를 결정하기 위해 선택해야 하는 유형들로서, 이것은 하나의 글이나 말에서 한 가지의 형식으로 일관성이 있어야 한다. 유의할 것은 '혼합개요'라는 표현이다. '혼합개요'는 화제개요와 문장개요가 모두 쓰인 경우이지만, 그것이 각 항목에 따라 편의적으로 어떤 부분에선 화제개요로, 어떤 부분에선 문장개요로 쓰는 것이 아니고 모든 항목에 화제개요와 문장개요가 동시에 적혀있어야 한다는 의미이다.

현실적으로 생각해서 혼합개요는 여러분이 글쓰기나 말하기를 준비하는 과정에서 작성해볼 가능성은 거의 없다. 시간이 너무 많이 걸리고 번거롭기 때문이다. 대부분이 화제개요나 문장개요를 선택할 것이다.

화제개요는 단어, 구로 이루어진 개요이기 때문에 간략하게 이야기의 순서를 정할 때 효율적이다. 앞서 '화제'의 개념을 살펴보았듯, '화제'는 문단에서 다루고자 하는 중심 대상을 뜻한다. 즉 화제 개요란 나의 글이나 말이 각 부분별로 무엇을 중심 대상으로 삼아 전개될 것인지를 짚어놓은 개요이다. 그런데 화제개요는 각 부분에서 무엇에 대해 이야기할지에 대한 결정은 내려져 있어도 그것을 말하는 사람이 어떻게 생각하는지에 대한 내용은 드러나지 않는 개요이기 때문에 내용이 상세히 드러나지 않는다는 점이 약점이다.

그리고 문장개요는 주어, 서술어가 포함된 완결된 문장의 형태로 전체 내용의 아우트라인을 잡아야 하기 때문에 더 많은 생각을 정리한 뒤에야 만들 수 있다. 따라서 화제개요보다 작성 시 시간이 더 많이 걸릴 수 있다. 대신에 문장개요는 각 부분별로 자신의 화제(각 부분의 중심 대상)에 대한 입장, 견해를 구체적으로 적어놓았기 때문에 글쓰기나 말하기를 시작했을 때 내용이 좀 더 선명해질 수 있다는 장점이 있다. 이러한 장단점들을 고려하여 자신에게, 또는 말하기의 상황에 적합한 개요의 형태를 취사선택하면 된다.

• **화제 개요의 예**[46]

제목: 수송수단의 발달
주제문: 수송수단은 시대의 변화와 함께 계속적으로 발달해 왔다.
1. 고대의 수송수단
 1.1. 수상 수송수단
 1.2. 육상 수송수단
2. 로마 제국의 멸망에서 18세기 말까지의 수송수단
 2.1. 수상 수송수단
 2.2. 육상 수송수단
3. 19세기 초의 수송수단
 3.1. 수상 수송수단
 3.2. 육상 수송수단

• **문장개요의 예**

제목: 수송수단의 발달
주제문: 수송수단은 시대의 변화와 함께 계속적으로 발달해 왔다.
1. 고대의 수송수단은 매우 단순하였다.
 1.1. 수상 수송수단은 갤리선이었다.
 1.2. 육상 수송수단은 인간과 가축들이었다.
2. 로마제국의 멸망에서 18세기 말까지 수송수단은 고대의 그것에서 크게 변하지 않았다.
 2.1. 수상 수송수단은 갤리선에서 범선으로 바뀌었다.
 2.2. 육상 수송수단은 가축들이었다.
3. 19세기 초에 수송수단은 비약적으로 발달하였다.
 3.1. 수상 수송수단은 범선에서 증기선으로 바뀌었다.
 3.2. 육상 수송수단은 가축에서 증기기관차로 바뀌었다.

---

46) 서울대학교 대학국어 편찬위원회, 『대학국어』, 서울대출판부, 2005.

• 혼합 개요의 예

제목: 수송수단의 발달
주제문: 수송수단은 시대의 변화와 함께 계속적으로 발달해 왔다.
1. 고대의 수송수단: 고대의 수송수단은 매우 단순하였다.
  1.1. 수상 수송수단: 수상 수송수단은 갤리선이었다.
  1.2. 육상 수송수단: 육상 수송수단은 인간과 가축들이었다.
2. 로마 제국의 멸망에서 18세기 말까지의 수송수단: 로마제국의 멸망에서 18세기 말까지 수송수단은 고대의 그것에서 크게 변하지 않았다.
  2.1. 수상 수송수단: 수상 수송수단은 갤리선에서 범선으로 바뀌었다.
  2.2. 육상 수송수단: 육상 수송수단은 가축들이었다.
3. 19세기 초의 수송수단: 19세기 초에 수송수단은 비약적으로 발달하였다.
  3.1. 수상 수송수단: 수상 수송수단은 범선에서 증기선으로 바뀌었다.
  3.2. 육상 수송수단: 육상 수송수단은 가축에서 증기기관차로 바뀌었다.

▶ 연습문제

나의 자기소개에 적합한 개요유형을 선택해서 간단한 개요를 작성해 보자.

• 자기소개를 위한 화제개요의 예

제목 : 나의 고3 시절
주제문 : 나의 고3 시절에서의 시련과 성취는 나에게 결단력의 중요성을 깨닫게 하였다.

1. 나의 성격변화의 계기 소개
 1) 선택의 순간과 나의 우유부단함
 2) 우유부단함에 따른 결과와 교훈
2. 회장단 선거
 1) 고3 1학기 말 런닝메이트 제의와 고민
 2) 선거 운동 과정
  a. 선거 준비에 있어서 소극적이었던 태도
  b. 연설에서의 미흡함과 실패
 3) 선거 패배
3. 대입 준비 과정
 1) 고3 초반기
  a. 대입에 대한 무관심
  b. 뚜렷한 목표없는 공부와 생활
 2) 고3 중반기
  a. 본격적인 준비작업
  b. 진로선택 고민
 3) 고3 후반기
  a. 방향선택 없는 막연한 공부
  b. 수능과 수시지원 그리고 아쉬움
4. 내가 고3생활을 통해 깨우친 교훈과 인생관
 1) 시의적절한 결단력의 중요성
 2) 자주적 행동의 필요성

• 자기소개를 위한 문장개요의 예

제목: 사랑으로 포용하는 유치원 교사가 되기 위하여
주제문: 아이들 개개인에 관심을 가지고, 자존감을 높여줌으로써 아이들이 상처 받지 않고 자라도록 돕는 유치원 교사가 되고 싶다.

1. 나의 꿈은 유치원 교사이다.
2. 나는 유치원 교사에 적합한 자질을 지니고 있다.
 2.1. 나는 부드러운 리더십을 가지고 있다.
 2.2. 나는 소통, 공감하는 능력이 뛰어나다.
3. 나는 유치원 교사가 되기 위해 노력하고 있다.
 3.1. 나는 서대문구청 주관 아동봉사활동에 참여하고 있다.
 3.2. 나는 아동학과 내 아동교육학회 활동도 하고 있다.
4. 나는 아이들을 사랑으로 포용하는 유치원 교사가 될 것이다.

4) 개요 작성시 유의점

① 완결된 개요의 맨 위에는 제목과 주제문이 있어야 한다.

개요의 시작은 제목과 주제문이다. 이것이 맨 위에 놓여있지 않으면 글이나 말의 아우트라인을 잡는 것이 무의미하다. 따라서 개요를 작성할 때에는 제일 먼저 제목과 주제문을 적어라. 제목은 보통 주제, 주제문을 활용하여 간결하게 만들되, 창의적인 제목이 더 선호되는 글이나 말의 경우에는 주제문을 비유적, 함축적으로 표현할 수 있는 제목을 달아도 된다.

② 기본적으로 개요는 층위적 · 계층적으로 짜야 한다.

여기서 '층위적 · 계층적'이라는 말은, 개요가 상위항목, 하위항목이 적어도 두 층위 이상 있어야 한다는 뜻이다. 예를 들어 자기소개의 개요를 짤 때 제목과 주제문을 적은 뒤 "1장 나의 성장과정, 2장 나의 현재의 모습, 3장 나의 꿈"이라고만 나열하는 것으로는 개요가 완성되었다고 보기 어렵다는 것이다. 1장~3장 중 적어도 한 장 이상에서 그 하위항목들이 제시되어 있어야 한다. 한 층위로만 이루어진 개요는 그 내용이 너무 넓고 막연해서 이야기를 짜임새 있게 전달하는 데에 별 도움이 못된다.

③ 한 개의 하위 항목밖에 없을 때는 그 층위는 설정하지 말아야 함.

상위항목에 딸린 하위 항목을 만들 때에는 상위항목과 하위항목은 포함관계가 되는 것이 기본 전제이다. 즉 상위항목에는 복수의 하위항목들이 포함되어 있어야 포함관계가 성립한다. 그런데 하위항목이 오로지 한 개라면 이것은 하위항목이라고 부를 수 없다. 그 경우는 상위항목과 하위항목이 등식관계인 것이지 포함관계가 아니기 때문이다. 이런 경우에는 하위항목으로 층위를 만들면 안 되고 하위항목을 삭제해 버리거나 굳이 상위항목의 표현과 다른 것을 써주고자 한다면 상위항목의 아래가 아닌 옆에 적어준다.

④ 숫자, 부호는 자유롭게. 단, 숫자나 기호에는 일관성이 있어야 함.

개요 작성을 할 때 각 항목들을 정리하기 위해선 숫자, 부호가 필요한데, 이때 숫자, 부호는 무엇을 써도 무방하다. 가장 흔한 'I, II, III…'같은 로마자나 '1, 2, 3…'같은 아라비아 숫자가 상위 항목들의 숫자로 자주 쓰이긴 하지만 이들 대신 'A, B, C…'나 '가, 나, 다…'등을 써도 괜찮다. 하위항목들도 마찬가지이다. 상위항목에서 무엇을 썼든 상위항목과 다르기만 하다면 어떤 부호, 숫자를 써도 상관없다. 단, 같은 층위의 항목들은 같은 부호가 계속 일련번호로 붙어야 한다. 예를 들어, 가장 최상위 항목들을 'A, B, C…'등으로 썼고, A장에서 하위 항목이 '①, ②'였다면, C장이 다시 하위 항목들을 포함하고 있을 때 그 하위항목들도 A장과 마찬가지로'①, ②, ③…'으로 통일되어 있어야 한다는 것이다.

⑤ 화제개요/ 문장개요/ 혼합개요 중 하나만 선택할 것.

앞에서 강조했듯 형식상의 개요 종류들은 섞어서 쓰면 안 된다. 하나의 형태로 결정했으면 개요 전체의 항목이 같은 형태로 이루어져 있어야 한다.

⑥ 개요에 '서론', '결론'은 들어갈 수 있으나 '본론'이란 항목은 들어갈 수 없다.

글쓰기에서 흔히 하는 실수로 최상위 항목을 '서론, 본론, 결론'으로 나누는 것은 바람직하지 않다. 서론과 결론은 그대로 두어도 무방하지만 본론은 본론의 하위 항목에 해당하는 내용이 최상위 항목들로 배치되어야 한다. 예를 들면 다음과 같다.

나쁜 예	좋은 예
1. 서론	1. 서론
2. 본론	2. 동물실험의 현황
2.1. 동물실험의 현황	3. 동물실험의 문제점
2.2. 동물실험의 문제점	3.1. 동물권의 침해
2.3. 동물실험의 대안	3.2. 동물실험의 효용성 부족
3. 결론	4. 동물실험의 대안
	5. 결론

▶ **연습문제**

'한국의 자살률'을 가주제로 하여 주제를 선정한 뒤 5분 프레젠테이션을 위한 개요를 화제개요의 형태로 작성해 보자.

2.2. 어떻게 말할까

검은 정장을 입고 방문을 노크한다. 똑똑똑. 문을 열고 들어서자 마찬가지로 검은 정장을 입은 면접관들이 날 뚫어져라 쳐다보고 있다. 두근두근하는 마음으로 걸어가 자리에 앉자마자 면접관 중 누군가가 '○○○ 씨, 1분간 자기소개 해 보세요'라고 말한다. 심장은 쿵쾅쿵쾅 뛰고 이미 머릿속은 새하얗게 변했다. 이어지는 직무 관련 프레젠테이션에서는 무슨 말을 했는지 기억도 나지 않는다. "아! 말 잘 하 고 싶 다!"

오늘날 현대 사회에서 발표 능력은 매우 중요하다. 특히 취업을 희망하는 사람이라면 더욱 그러하다. 회사나 공공기관 등 대부분의 조직에서는 자기소개, 프레젠테이션, 집단토론 등 발표 능력을 평가하여 우수한 성적으로 통과한 지원자를 인재로 선발하고 있다.

이제 자기소개나 프레젠테이션과 같은 공적 말하기는 잘하면 우대받던 시대에서 기본인 시대로 바뀐 것이다.[47] 프레젠테이션 능력은 입사

후 업무에서도 매우 중요한 역할을 한다. 먼저 프레젠테이션을 못하면 남들 앞에서 주목을 받을 기회가 없어진다.[48] 이것은 자신의 능력을 평가받을 기회가 없어진다는 것을 의미한다. 업무에 대한 이해도 등을 평가하기 위해서 프레젠테이션을 실시하는 경우도 있어 오늘날을 살아가는 현대인들에게는 절대적으로 필요한 능력이라고 할 수 있다.

'드라마 〈미생〉의 한 장면'

대학에서의 수업도 마찬가지이다. 이와 같은 사회적 요구를 반영하여 대부분의 수업에서는 전문 지식의 습득이라는 목적과 함께 학생들의 공적 말하기 능력을 향상시키기 위한 목적으로 발표 과제가 주어진다. 발표 과제는 주로 프레젠테이션의 형식으로 진행되며, 시간과 인원의 제약으로 주로 팀별로 이루어지지만 개인별 과제로 주어지는 경우도 있다. 이때 공적 말하기 능력이 뛰어난 학생은 우수한 평가를 받는 데 유리하다. 그렇다면 어떻게 해야 공적 말하기를 잘 할 수 있을까?

프레젠테이션이나 자기소개하기와 같은 공적 말하기를 잘하기 위해서는 말하기의 성격에 대한 정확한 이해가 필요하다. 공적 말하기는 평상시 친구들과 대화하는 사적 말하기와는 많은 차이가 있다. 공적 말하기는 다수의 청중을 대상으로 하므로 발표자는 극도로 긴장된 상태로 자신의 말하기 능력을 발휘해야 한다. 그와 같은 긴장감 속에서도 청중과의 호흡이 잘 이루어져야 하고 청중의 요구에 즉흥적으로 답할 수 있는 여

---

47) 프레젠테이션은 의사소통의 유형 중 공적이며, 직접적인 커뮤니케이션에 해당한다(Clarke & Crosstand, 『The Leader's Voice』, 함주한 2008: 43에서 재인용.)
48) 함주한, 『프레젠테이션 상식 사전』, 길벗, 2008, 1쪽.

유가 있어야 한다. 만약 청중이 부정적 반응을 보인다면 그 부분을 바로 수정할 수도 있어야 한다. 자기소개하기와 프레젠테이션은 단순히 일방적 의사소통이라기보다 양방향적 의사소통이므로 발표자는 긴장감을 이겨내고 청중과 함께 대화하듯 여유 있게 발표를 진행할 수 있어야 한다. 이 장에서는 우선 자기소개하기에 대해서 검토하고, 이어서 프레젠테이션의 준비와 전략, 그리고 실제 프레젠테이션 사례 등을 검토할 것이다.

2.2.1. 자기소개하기

자기소개하기는 나에 대한 첫인상이 결정되는 매우 중요한 공적 말하기이다. 미국의 사회 심리학자 앨버트 메라비안에 따르면 첫인상을 결정하는 요소 중 메시지를 전달할 때의 영향력은 목소리가 38%, 표정이 35%, 태도가 20%, 내용이 7%라고 한다(메라비안의 법칙). 이 법칙을 통해 우리는 첫인상을 결정하는 의사소통이란 무엇을 말하는가(내용)보다 어떻게 말하는가(청각, 시각, 태도 등)가 훨씬 중요하다는 것을 알 수 있다.[49]

49) 김찬배, 『키맨 네트워크』, 다산북스, 2007, 117쪽.

자기소개는 일정한 집단을 이루는 구성원들에게 자신에 대해 적절한 정보를 제공하는 것이다. 즉 자신의 위치성과 관련된 여러 내용을 정보 전달의 목적으로 수행하는 것이 자기소개이다. 앞서 검토하였듯, 정보 전달 목적의 말하기에서 제일 중요한 것은 어떤 정보를, 어떻게 제공하는가이다. 어떤 이야기를 어떻게 제공하는가, 즉 자신이 어떠한 사람이며, 이 학교/학과에 입학한 동기는 무엇이고, 취미가 무엇이고 가족관계가 어떻게 되는지 등 자신과 관련된 여러 정보를 제공하는 것이다.[50]

대학에서도 여러 가지 환경에서 자기소개의 시간이 주어진다. 신입생 오리엔테이션에서, 동아리에 가입하기 위해서뿐만 아니라 교외 장학금 수혜자를 선발하기 위한 면접이나 해외 교환학생 선발 면접, 봉사활동 참가자 선발 면접 등에서도 자기소개하기를 요구한다. 인턴사원 면접이나 실제 취업 지원시 이루어지는 면접 절차에서 자기소개하기가 필수라는 사실은 굳이 더 설명할 필요가 없을 정도이다. 신입생 오리엔테이션이나 동아리에 가입시 하는 자기소개는 우호적인 분위기에서 발표자에게 긍정적인 관심을 표하는 경우가 많다. 반면, 경쟁에 따른 선발 면접은 공적 말하기이면서 동시에 많은 경쟁자들이 있기 때문에 비우호적인 상황에 맞닥뜨릴 확률이 높다.

50) 김복순, 『발표와 토의: 입증과 합의의 방법』, 태학사, 2015, 149쪽.

여러분은 이처럼 비우호적이고 긴장된 상황을 이겨내고 자신의 능력을 잘 표현해야 하며, 왜 자신이 그 분야에 유능한 적임자인가를 잘 드러내야 한다. 이때 억양은 단호하면서도 확신에 차 있어야 하고 신뢰감과 자신감을 보여줄 수 있어야 한다. 또한 한국 사회에서는 다른 구성원과의 친화력과 성실성 등을 무엇보다 중요시 여긴다. 그러므로 성실하면서도 남을 배려하고, 긍정적 이미지를 심어줄 수 있는 표현으로 자신을 소개해야 한다. 인상 역시 긍정적 이미지를 줄 수 있는 미소 띤 인상이 효과적이며 시선은 면접관을 향하면서도 호기심과 관심을 갖고 있음을 보여주어야 한다.

취업을 위한 면접에서 특히 주의할 점은 '내가 무엇을 할 수 있는가'의 관점에서 말하는 것이 아니라 '회사 또는 기관이 필요로 하는 것이 무엇이고 그 부분에 내가 얼마나 적합한 인재인가'라는 관점에서 말해야 한다는 것이다. 최근 많은 기업에서는 신입사원의 조건으로 열정을 가진 진취적 인재상을 원하고 있다. 다음 사례는 그에 적합한 경험을 자소서에 잘 나타낸 경우라 할 수 있다. 취업 면접에서 자기소개하기는 이미 제출한 자소서를 토대로 면접관의 질문에 대해 항목별로 1~3분 이내에 자신을 소개하는 절차로 진행되는 경우가 많다.

– XX전자 인턴사원 지원 자소서 모범 사례[51)]

▷ 자신이 가진 열정에 대하여 쓰시오.

저는 고소공포증이 있었습니다. 어렸을 때에는 육교조차 건너지 못했으며, 고등학교 시절의 매년 등산대회에서는 힘들게 산을 올라가도 다른 친구들처럼 정상에서 힘차게 "야호!" 한번 시원하게 하지 못하였습니다. 이후 20살이 되었을 때, "내가 가지고 있는 가장 큰 두려움인 고소공포증을 없애자" 라는 목표를 세웠습니다.

가장 먼저 고소공포증의 원인이 문제에 맞서, 도전하고 실천하지 못했던 제 자신이라는 생각을 하게 되었습니다. 따라서 해결방안을 찾던 중, 지속적인 연습을 통해 배울 수 있는 패러글라이딩이라는 스포츠를 알게 되었습니다. 다행히 학교 내 패러글라이딩 동아리가 있었고, 대학교 입학식도 하기 전에 동아리 가입을 먼저 한 특이한 신입생이 되었습니다.

동아리에 가입한 이후, 패러글라이딩 연습을 6개월 동안 단 한 번도 빠지지 않았습니다. 유일한 여성 신입생으로 체력적으로 힘들었고, 여전히 높은 곳에 두려움이 있었지만, 그 뒤쳐짐을 즐겁게 인정하고, 더 많은 연습횟수로 극복해 나갔습니다. 많은 회원들이 고된 훈련으로 동아리를 탈퇴했지만, "비행소녀" 라는 별명까지 얻으며 훈련을 하였습니다. 이륙연습을 하기 위해 20kg 정도 되는 패러글라이딩 가방을 매고, 산을 오를 때에는 날개를 펼치기도 전에 포기하고 싶었던 적이 많았지만, 끝까지 올랐습니다.

마침내 2007년 9월 충북단양의 500m 고도의 두산에서 패러글라이딩 단독 첫 비행, 일명 "처녀비행" 을 성공하였습니다. 바람의 방향에 따라 날개를 조작하고, 하늘을 자유롭게 날 수 있었던 첫 비행시간 10분은 그동안의 땀과 눈물을 잊기에 충분했습니다. 또한 첫 비행을 성공한 이후, 저는 더 높은 곳으로의 비행이라는 새로운 목표를 가지고 다시 도전하였습니다. 그 결과 현재는 패러글라이딩 동아리 "바람소리" 에서 여성 역대 최다 비행횟수 150회 이상과 최대 비행시간 기록을 가지고 있습니다.

4년 동안 패러글라이딩 동아리 활동을 하면서 직접 문제에 맞서 끈질지게 노력하는 것이 얼마나 중요한 것인가를 배우게 되었습니다. 또한 그 끈질김이 만들어 낸 엄청난 결과를 그 누구보다 직접 느껴보았습니다. 우리 XX전자 홈 엔터테이먼트 분야에서도 누구보다 먼저 실천하고 도전하는 엔지니어가 되겠습니다.

51) 명지대 경력개발팀 취업종합지원시스템 홈페이지(http://job.mju.ac.kr) 자료실에서 발췌

한편 청중들 앞에서 자기를 소개할 때 자세와 태도를 바르게 하고 진지하게 임해야 한다. 많은 학생들이 자신이 무엇을 말해야 하는가에만 집중한 나머지 고개를 숙이고 준비해온 자료를 읽거나 소극적인 태도로 일관하기도 한다. 다리를 흔들고 손을 계속해서 흔드는 등 긴장한 모습을 보이거나 짝다리를 짚어 자세를 흩트리기도 하고, 키득키득 웃는 등 장난스러운 태도를 취하기도 한다. 이와 같은 허점을 보이지 않는 것도 모두 공적 말하기의 능력에 속한다. 이러한 능력은 하루아침에 얻을 수 있는 것이 아니며 대학생활 동안 꾸준히 발전시켜야 한다.

공적인 행위인 만큼 실습에 임할 때도 품위를 잃지 말고 집중해서 참여해야 한다. 만약 다른 학생이 발표할 때 청중으로 참여하더라도 내 발표 순서만을 생각해서 내가 할 발표 내용을 암기하거나 주위 사람들과 떠드는 등 산만한 태도를 보이는 것은 금해야 한다. 심지어 졸기도 하는데 이는 발표자를 방해하는 행위이며 예의에도 어긋난다. 청중은 다른 사람의 발표에서 보완할 만한 부분을 찾고, 자신의 발표에 참고하여 반영할 수 있도록 경청해야 한다.

자기소개하기에 임하는 태도와 말투

첫째, 연습은 실수를 줄이는 유일한 방법이다. 철저한 준비와 연습을 통해 청중과 소통할 수 있는 자기소개하기를 준비해야 한다.
둘째, 공적 말하기의 상황에서 청중은 공적 목적에 의하여 모인 사람들이므로 격식을 갖추어 경어체로 이야기해야 하고, 산만하거나 장난스럽게 해서는 안 된다.
셋째, 복장은 최소한의 예의를 갖추어야 한다. 모자를 쓰거나 슬리퍼를 끌며 단상에 오르는 것은 공적 석상에 참석한 청중에 대한 예의에 어긋나는 일이다.

2.2.2. 프레젠테이션

프레젠테이션이란 슬라이드, 비디오 등을 이용하여 시각적으로 내용을 표현하는 것이다. 따라서 프레젠테이션의 3요소는 내용(content), 시

프레젠테이션 준비 과정[52]

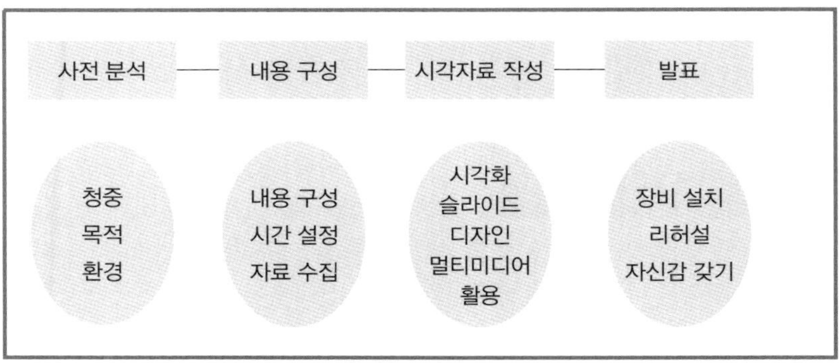

52) 김은정, "효과적인 프레젠테이션 전략", 서울대학교 교육학습 개발센터 강의자료, 2007년 5월.

각자료(visual), 표현 즉 발표(delivery)라 하겠다. 프레젠테이션의 준비 과정은 보통 다음과 같은 순서로 진행된다.

대부분의 프레젠테이션 전문가들이 첫 손에 꼽으며 중요성을 강조하는 준비 과정은 사전 분석(또는 청중 분석)이다.[53] 청중들이 프레젠테이션에 참석하는 목적, 교육 수준, 주관심사 등은 청중들이 어떤 사람들인가를 말해주는 것으로 프레젠테이션의 내용을 결정하는 데 있어서 중요한 요소라 할 수 있다.

일반적인 프레젠테이션은 발표자의 목적과 청중의 목적이 일치한다. 예를 들어 제품 발표회나 대형 강연회의 발표자는 청중들에게 그들이 관심 있어 하는 제품을 소개하거나 관심 분야의 지식을 전달하는 것을 주목적으로 하며, 청중들도 발표 내용에 관심을 갖고 있는 이들이다. 하지만 예비군 훈련장과 같이 청중들이

스스로 적극적으로 참여하는 경우가 아니라면 발표자의 목적과 청중들의 목적이 다를 수도 있어 이때는 발표의 전략을 일반적인 경우와 달리 해야 한다.

청중의 인원과 발표장의 규모 등도 사전에 분석해야 하는 요소이다. 대규

53) 프레젠테이션을 하기 위해서는 세 가지를 분석해야 한다—우선 내가 어떤 청중 앞에서 이야기하는가(people), 내가 이 프레젠테이션을 왜 하는가(purpose) 그리고 어떤 장소에서 어떤 기자재를 사용하여 발표하는가(place). 이 세 단어의 앞 글자를 따서 3P 분석이라 한다. - 야하타 히로시, 『프리젠테이션 박사』, 나상억 역, 21세기북스, 2002 참조.

모 인원을 대상으로 대형 강당이나 컨벤션장 등에서 진행되는 발표라면 청중들이 프레젠테이션에 집중하는 데 어려움을 겪을 수 있다. 발표자는 이 점을 고려해서 비언어 의사소통을 위한 동작을 크고 정확하게 표현해야 한다. 한편 작은 교실이나 좁은 규모의 회의실에서 진행하는 프레젠테이션은 청중이 집중하는 데 용이하다.

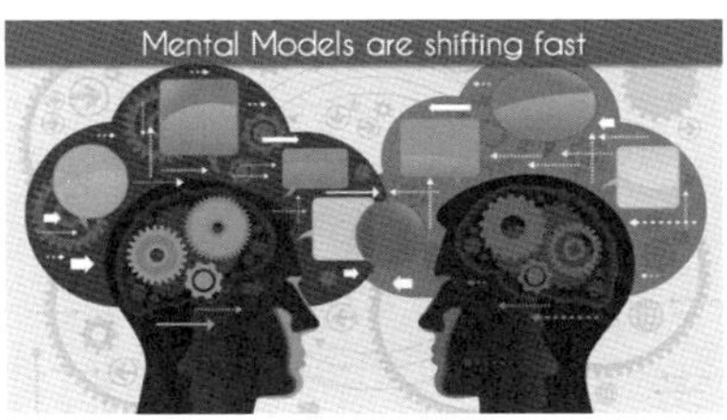

프레젠테이션의 내용 구성은 발표를 통해 전달하고자 하는 핵심이 무엇인가를 잘 살펴야 한다. 발표는 자신이 발표를 위해 준비한 모든 내용과 자료를 제시하는 것이 절대 아니다. 검토하고 준비한 자료 중에서 가장 핵심이 되는 내용을 제한된 시간 안에 효과적으로 전달하는 것이 프레젠테이션의 목적이라는 점을 반드시 유념해야 한다. 따라서 지나치게 세부적이거나 지엽적인 내용들은 빼고, 중요한 핵심을 살려서 제시해야 한다. 예를 들어 전체 내용을 포괄할 수 있는 몇 가지 키워드를 통해 전반적인 내용을 소개하는 발표가 그러한 예라고 할 수 있다. 핵심을 전달하기 위한 방법에는 어떤 것이 있을까? 앞서 언급한 바와 같이 키워드를 통해 내용을 전달하는 방법도 있지만 최근 들어 주로 사용되는 방법은 사진과 동영상 등 이미지 자료나 영상 자료를 적극적으로 활용하는 방식이다. 이에 대해서는 다음 절의 프레젠테이션의 준비와 전략, 그리고 프레젠테이션의 실제에서 자세히 다루도록 할 것이다.

1) 준비와 전략

(1) 프레젠테이션 준비

ㅁ 청중 분석

- ~~프레젠테이션은 발표자가 하고 싶은 이야기를 자신의 방식대로 하는 것~~

- 프레젠테이션은 발표자가 하고자 하는 이야기를 청자가 흥미를 가질 수 있는 방식으로 전달하는 것

프레젠테이션은 발표자의 시선이 아닌 청중의 시선에서 준비해야 한다. 발표자의 목적과 청중의 목적이 일치하는 경우는 드물다. 다시 말해 청자가 발표자의 이야기를 반드시 들어야만 하는 이유는 없다. 청자가 들어야만 하게 만드는 것은 온전히 발표자의 몫이다. 청중이 안고 있는 문제는 무엇인지, 무엇을 바라고 있는지, 어떤 것이 청중에게 동기를 부여하는지 등을 파악해야 한다. 이밖에 청중 분석을 할 때 고려해야 할 사항은 다음과 같다.[54]

54) 장혜영, 『발표와 토의(2012년 개정판)』, 커뮤니케이션북스, 2012, 50쪽.

청중 분석시 고려 사항	고려해야 하는 이유
1. 청중의 수	다수 청중 속 청자는 다수의 익명성 속에 자신을 숨기므로 듣는 행위에 무관심해지기 쉽다. 반면 소수 청중인 경우, 청자는 자신이 드러난다고 생각하므로 긴장하게 된다. 또한 다수 청중의 경우 청자들의 공통된 관심을 도출해 내는 것은 쉬운 일이 아니다.[55]
2. 성별과 연령	주제에 따라 성별과 연령에 따른 관심사, 반응 등이 다를 수 있다.
3. 지식수준	기본 지식이 부족한 청중에게는 사전 정보를 제공하여 지식을 공유할 수 있도록 해야 한다.
4. 사회적, 문화적, 정치적 배경 등	사회, 문화, 정치적 배경이 달라 발표자에게 비호의적인 청중도 대범하게 포용하는 능력이 필요하며, 이와 같은 요소들에 민감한 내용은 가급적 배제한다.

ㅁ 목적 분석

프레젠테이션의 목적은 ① 주의 환기, ② 홍미유발, ③ 의사 결정, ④ 행동 유도(구매 행위 등의 결정) 등이다. 프레젠테이션은 단순히 관심을 갖는 것만으로는 구매 행위를 유발하지 못할 수 있으므로 행동으로 연결되는 지점에 있는 최종 목적에 맞추어야 한다. 평가 기준이 정해져 있다면 그 기준에 맞춰서 준비해야 한다.

ㅁ 환경 분석

대부분의 프레젠테이션은 도구를 활용한다. 그런데 발표 시 의도했던

55) 소수 청중의 경우 대부분, 청자 전원의 합의에 의해 결정이 이루어지지만 다수 청중의 경우 어떤 문제에 대한 합의, 결정, 행동하는 데 있어서 결정권자에 초점을 맞추는 것이 필요하다.

대로 자료가 제시되지 않아 당황하는 경우가 많다. 발표할 환경에 익숙해지는 것이 긴장감을 줄일 수 있는 방법이므로 예행연습을 해보는 것이 가장 좋다. 막상 프레젠테이션 당일 컴퓨터 환경이 바뀌어 당황하게 되는 경우도 있다. 프레젠테이션에서 가장 중요한 것 중의 하나는 위기 상황에 얼마나 순발력 있게 대응하는가인 만큼 준비한 자료가 제대로 실행되지 않을 경우를 대비해야 한다.[56] 프레젠테이션은 대체로 다음과 같은 도구를 사용한다.

프레젠테이션을 위한 도구
1. MS Office PowerPoint (*.ppt 파일) 2. Apple Keynote (*.key 파일) 3. Prezi (flash 기반 응용프로그램) 4. Adobe Acrobat (*.pdf 파일)

ㅁ 발표 원고, 배포 자료(슬라이드 자료) 준비

프레젠테이션 발표시 사전에 준비해야 하는 자료는 다음과 같다.

사전 준비 자료	세부사항
발표 원고	1. 발표 원고는 읽기 위한 자료가 아니다. 2. 주제어 순서로 흐름표를 작성하는 것이 좋다. 3. 발표 시 전체적인 흐름이 벗어나지 않게 하되 조절하며 진행한다.
배포 자료	1. 설명의 보충 자료로 활용한다. 2. 청중이 발표에 집중을 못하게 되는 경우도 있으므로 그 내용과 배포하는 시점에 유의한다.

56) 장혜영, 『발표와 토의(2012년 개정판)』, 커뮤니케이션북스, 2012, 51쪽.

PPT 자료	1. PPT 슬라이드를 인쇄한 자료를 말한다. 2. 긴 서술형의 문장은 피하고 가능한 도표나 그림 등으로 제시한다. 3. 문장으로 제시하는 경우에도 한 슬라이드에 7~8줄 이상 넣지 않도록 한다.57)

최근 들어 PPT에 동영상을 사용하는 경우가 많은데 발표 중 청중이 기다리는 시간이 없도록 하고 음량 등을 미리 확인하여 문제가 일어나지 않도록 해야 한다. 잘못되면 오히려 발표의 흐름을 끊을 수도 있으므로 필요한 부분만 짧게 편집하여 사용하도록 한다.

(2) 프레젠테이션 전략

프레젠테이션에서 중요한 것은 '무엇을 말하는가'보다 '어떻게 말하는가'이다. 이때 발표자에게는 자신감과 진정성이 요구된다. 청자들은 내용 자체보다는 발표 시의 전달력에 더 큰 영향을 받는다. 같은 내용도 전달자가 어떻게 전달하느냐에 따라 완전히 달라지며, 어떤 환경에서 전달되는가에 따라서도 달라진다. 따라서 무엇보다도 중요한 것은 자신감이다. 그리고 자신의 발표를 스스로 즐길 수 있어야 한다. 스티브 잡스도 무엇보다 발표자 자신이 즐거워야 성공적인 발표를 할 수 있다고 말했다. 발

57) 영어로 된 프레젠테이션에 관련해서는 '1-7-7 법칙'이 있다. 이는 슬라이드 한 장에는 한 가지 주제만을 다루고, 최대 7줄의 문장을 넣고, 각 줄당 최대 7개의 단어만을 사용하라는 것이다.-장혜영, 앞의 책, 52쪽.

표자 자신이 즐겁지 않은 발표라면 청자도 그 시간이 즐거울 수 없다. 더욱 중요한 것은 청중의 비언어를 순간순간 관찰하는 것이다. 즉, 현장성이 중요하므로 내가 준비한 대로 발표하는 것이 아니라 청중들의 반응을 살펴 그때그때 조절하는 순발력을 발휘해야 한다.[58)]

여기서는 먼저 일반적으로 프레젠테이션에 대해 잘못 생각하고 있는 오해들을 짚어가면서 프레젠테이션을 위한 전략적 요소들을 제시한다. 순서는 내용 전달 - 내용 구성 - 비언어 의사소통 – 질의응답 – 성별에 따른 전략의 순으로 살펴보도록 할 것이다. 먼저 프레젠테이션의 준비 단계에서는 다음과 같은 점들을 고려해야 한다.

프레젠테이션에 관한 오해들	프레젠테이션 준비 단계에서 고려할 점
▷ 프레젠테이션은 준비한 대로 한다?	프레젠테이션에서 가장 중요한 것은 현장성이다. 준비한 대로만 하면 상호작용이 일어나지 못한다. 현장에서 생길 수 있는 돌발 상황에 맞출 수 있는 순발력이 가장 필요하다.
▷ 준비한 것을 읽는다?	읽으려면 굳이 나와서 발표할 이유가 없다. 원고를 문단별로 나누어 각 문단별 주제어를 정리한 후, 그 주제어를 순서대로 적어 준비하는 것이 좋다. 주제어를 다시 재구성해서 현장 상황에 맞게 전달하면 된다.
▷ 준비한 것을 모두 외워야 한다?	이 또한 현장 상황에 맞추지 못하는 경우이다. 또한 외워서 하다 보면 청중을 보고 있기는 해도 머리 속의 원고를 따라가느라 시선을 정확히 맞추지 못한다.

58) 발표자의 자세(Garr Reynolds, 『프리젠테이션 젠』중에서)
첫째, 스스로를 돌이켜보고 자신이 처한 상황을 파악하라. 다른 사람을 자세히 살피고 자신의 환경을 세심하게 관찰하라. 둘째, 어떤 상황에서도 주도권을 잡아라. 셋째, 모든 상황을 종합해보고 결단력 있게 행동에 옮겨라. 넷째, 언제 중단할지를 알라. 다섯째, 항상 중앙에 자리를 잡아라.

▷ 청산유수처럼 말을 잘해야 한다?	말을 잘하는 것은 중요하다. 따라서 유창하게 이야기할 필요는 있다. 그러나 자칫 잘못하면 말만 번지르르하다는 소리를 듣는다. 전달력이 떨어질 만큼이 아니라면 차라리 조금은 매끄럽지 않더라도 가슴에 남을 수 있는 진실한 말하기가 필요하다.
▷ 프레젠테이션은 긴장하면 안 된다?	긴장감은 극복되지 않는다. 긴장감을 즐기는 것이 최선이다. 발표자가 아무 긴장감 없이 이야기할 때보다는 긴장감을 가지고 발표할 때 전달력은 더 좋다.
▷ 프레젠테이션은 발표자만 잘하면 된다?	프레젠테이션은 상호작용이다. 발표자 혼자 하는 것이 절대 아니다. 청자를 파악하고 청중의 반응을 이끌어내도록 준비하는 부분이 반드시 필요하다. 성공한 프레젠테이션이란 어떤 프레젠테이션일까? 그것은 청자가 자신과 직접 관련된 일이라고 느껴지는 발표, 발표 후 청자가 곧바로 행동으로 옮길 수 있는 발표이다. 즉, 성공한 프레젠테이션은 청중이 결정한다.
▷ 내용이 많을수록 좋은 발표다?	내용이 너무 많으면 지루해질 수 있고, 오히려 아무것도 기억에 남지 않는다. 기억에 남는 프레젠테이션을 하기 위해서는 다른 사람과 차별화되는 나만의 전략이 있어야 하고, 쉬운 내용을 흥미롭고 간략하게 구성해야 한다.

ㅁ 내용 전달 전략

프레젠테이션에서 청중에게 내용을 전달하기 위한 가장 효과적인 방법은 오프닝을 장악하는 것이다. 흥미로운 도입을 통해 청중의 기대를 불러일으키면 청중은 자연스럽게 프레젠테이션의 내용에 집중할 수 있다. 하지만 도입부에서 청중의 관심을 불러일으키지 못하거나 딱딱하고 지루한 내용이 이어지면 청중은 발표에 집중하지 못한다. 흥미로운 도입부를 구성하는 방법은 표지나 도입부에 관심을 끌 만한 사진이나 그림을 넣어 호기심을 불러일으키는 방식 등이 있다.

청중에게 다가갈 수 있는 또 다른 방법은 청중을 프레젠테이션에 참여시키는 것이다. 일반 성인들은 읽는 것에서 10%, 듣는 것에서 20%, 보는 것에서 30%, 듣고 보는 것에서 50%, 말하는 것에서 70%, 말하고 행동하는 것에서 90%를 기억한다고 한다.[59] 그러므로 청자를 수동적으로 듣기만 하는 상태로 놓아두기보다는 질문에 답하거나 따라하게 하는 등 행동으로 참여시키는 것이 효과적이다.

기억에 남는 프레젠테이션을 하려면 다른 사람과 차별화되는 나만의 전략이 있어야만 한다. 하지만 요령보다도 가장 중요한 것은 진정성이다. 사람을 설득할 수 있는 가장 큰 힘은 어떤 기교나 요령이 아니라 진정성에서 나온다. 자동차 판매왕들이 실적이 좋은 이유는 많이 깎아주어서가 아니라 고객과 끝까지 함께 가기 때문이라고 한다.[60]

ㅁ 내용 구성 전략

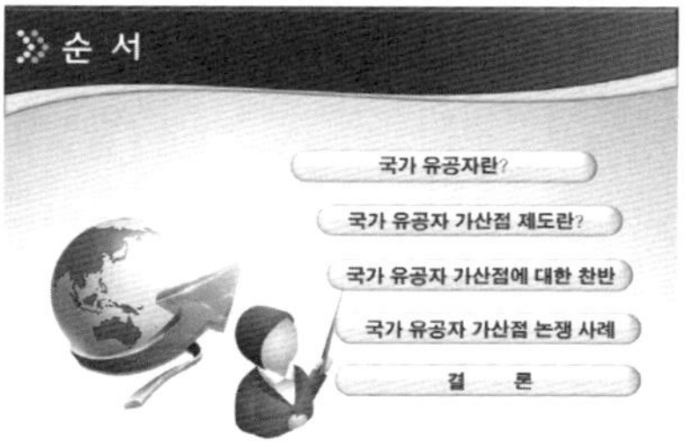

① 목차의 제시

목차는 앞으로 진행될 내용을 순서에 따라 간단하게 소개하는 것을 목적으로 한다. 그러므로 목차는 내용을 한눈에 잘 보이게 제시해 주는 것이며 발표의 큰 그림을 이

59) Tony Jeary, 『인생은 프레젠테이션이다』, 노혜숙 역, 친구 미디어, 2005, 298쪽.
60) 장혜영, 『발표와 토의(2012년 개정판)』, 커뮤니케이션북스, 2012, 58쪽.

야기 하는 것이라 할 수 있다. 프레젠테이션의 내용은 일관성이 있어야 하며 목차 역시 하나의 흐름으로 이루어져야 한다. 보통 PPT를 구성할 때는 맨 처음 표지를 제시하고 다음으로 목차 화면을 제시하게 된다. 한편, 첫 표지에는 발표 제목과 부제가 있어야 하고 발표 일시와 발표자의 이름을 넣어주는 것이 좋다. 청중의 호기심을 유발하기 위해 그림과 사진 등을 활용하는 것도 좋다.

② 첫머리에 결론부터 제시

일반적인 글쓰기 방식과 달리 말하기에서는 결론-본론-결론의 순서로 구성하는 것이 효과적이다. 말하기에서는 많은 것을 남기는 것이 중요한 것이 아니라 단 한 가지를 남기는 것이 중요하다. 그러므로 자신이 말하려는 것, 중요한 사항을 맨 앞에 두고 다른 것은 과감하게 잘라내야 한다. 예를 들어 한 주제를 넓게 접근하는 것보다는 구체적 사항을 깊게 접근하여 표현해야 한다.

③ 전략적 선택이란 버리는 것

"설교가 20분을 넘어가면 죄인도 구원받기를 포기해 버린다(마크 트웨인)." 청자들의 집중력은 그리 길지 않다. 일반적인 이야기를 길게 늘어놓지 말고 자신만의 이야기를 짧게 전달하는 것이 훨씬 효과적이다.

④ 나를 전달하라

발표는 내용을 전달하는 것이 아니라 나를 전달하는 것이다. 발표 준비의 기본 순서는 자기자신과 청중을 파악하고 자신이 전달하려는 내용을 숙지하는 것이다.[61] 청자의 기억 속에 오래 남는 것은 주로 발표자에 대한 인상이므로 발표 내용을 차별화하고, 나의 언어로 표현하여 자신만의 스타일이 살아나도록 구성해야 한다.

⑤ 형식을 소홀히 하지 마라

발표는 인사말을 하는 것부터 시작된다. 사회자에 대한 예의-인사-자기소개-환영의 말에 이어서 배경-진행 안내 등까지 선행되어야 한다. 이러한 말들은 자칫 상당히 형식적으로 들릴 수 있지만 발표란 공적인 것이므로 형식을 갖추어야 하는 것이 당연하다. 앞에서 말한 인사말과 배경 소개 등을 각각 살펴보면 다음과 같다.

▷ 인사말의 진행 순서

- 사회자에 대한 예의: "소개에 감사드립니다."
- 인사: "안녕하세요."
- 자기소개: "저는…입니다." (이어서 프레젠테이션을 하게 된 이유 소개)
- 환영의 말: "오늘 이 자리에 서게 된 것을 영광으로 여깁니다."
  "오늘 바쁘신 중에도 이처럼 참석해 주셔서 감사합니다."

▷ 배경 등에 대한 설명

- 배경: 이 주제를 발표하게 된 필연성을 한두 문장으로 설명
- 진행 안내: 책에서 목차가 필요한 것과 마찬가지로 발표 시에도 진행 안내(road map)가 필요하다. 안내된 내용을 통해 청자는 발표를 듣고 내용을 이해하기 위한 준비를 한다.

61) "기본 순서는 자신을 파악하고(know yourself)-청중을 파악하고(know your audience)-자신이 전달하려는 내용을 숙지하는 것(know your material)" - Diane Diresta, 『MBA에서도 가르쳐주지 않는 프레젠테이션』, 심재우 역, 비즈니스북스, 2007, 12쪽 참조.

⑥ 홍미로운 도입부와 자신감 있는 발표는 신뢰감을 준다

홍미로운 도입부는 청중의 주의 환기를 목적으로 한다. 일반적으로 ㉠ 질문을 던지거나, ㉡ 다른 이의 말이나 문학작품을 인용하거나, ㉢ 유머로 시작하거나, ㉣ 청중을 놀라게 하거나, ㉤ 사례나 개인의 체험담을 제시하거나, ㉥ 최근의 사건을 언급한다. 무엇보다도 좋은 방법은 청중에게 당사자 의식을 갖게 하는 것이다. 한편 발표자의 지나친 겸손은 신뢰감을 떨어뜨릴 수 있으므로 주의해야 한다.

▷ 당사자 의식을 갖게 하는 이야기 방식

- "우리 회사의 경영 혁신 방안을 이야기하겠습니다." → "경영혁신을 통해 여러분의 월급이 인상될 수 있는 방안에 대해 이야기하겠습니다."

▷ 지나친 겸손은 신뢰감을 떨어뜨린다

- "준비가 부족하여 죄송합니다.", "아는 것도 별로 없는 제가…", "여러분 같은 전문가 앞에서…" 등

⑦ 결론은 나의 이야기를 하라

발표가 어떤 상황의 문제점만 지적하고 해결책을 제시하지 않는다면 좋은 발표라 할 수 없다. 결론에서 중요한 것은 자신의 주장이나 해석이다. 좋은 발표란 청자가 자신의 이야기로 생각하며, 행동으로 연결할 수 있는 발표이다. 가장 성공적인 발표는 청자를 감동시키는 것이다. 그런 발표는 발표자의 성의와 열의, 진실성이 있어야만 가능하다.

⑧ 꺼진 마이크도 다시 보자

결론에서는 본론을 요약하고 발표를 마무리한다. 발표의 끝에서는 "경청해 주셔서 감사합니다."라고 인사하며 마무리한다. 특히 유념해야 할 것은 발표의 시작이 연단에서 처음 입을 여는 순간이 아니고 청자들이 자신을 주목하는 순간이라는 점이다. 그것은 자리에서 일어나는 순간이 될 수도 있고, 문을 열고 들어오는 순간이 될 수도 있다. 발표가 끝나는 시점에서도 세심한 주의가 필요하다. 대부분의 사람들은 발표의 끝은 마이크가 꺼지거나 연단에서 내려오는 순간이라 생각하고 그 이후 긴장을 풀게 마련이다. 그러나 발표가 진정으로 끝나는 순간은 모든 청자들의 관심이 자신에게서 떠나는 순간이다. 성공적인 발표를 해놓고 발표 후의 바르지 못한 행동으로 청자들의 비난을 사는 일을 종종 보게 된다. 발표장에서는 자신이 생각하는 것보다 더 길게 긴장해야 한다. 꺼진 불을 다시 보아야 하듯, 꺼진 마이크도 다시 보아야 한다.

ㅁ 비언어 의사소통 전략

① 시선 처리

연단에 섰을 때 가장 중요한 것은 시선 처리이다. 처음에는 청중들 전체를 한 번 쭉 훑어본 뒤에 그 다음부터는 청중들 한 명 한 명의 시선을 맞추도록 노력한다. 아무리 많은 청중들이 있더라도 한 사람 한 사람에게 말을 건다는 느낌으로 시선을 맞추고 이야기하는 것이 좋다. 유능한

라디오 DJ, 유능한 방송 진행자는 익명의 다수를 대상으로 진행함에도 불구하고 자기 앞에 단 한 사람이 있다고 생각하고 그 사람에게 말을 걸듯이 이야기한다고 한다.

② 음성언어 측면

음성언어 측면	주의할 점
목소리의 성량과 톤	변화를 주어 지루하지 않도록 해야 한다.
침묵의 활용	침묵은 때로 주의를 집중시키는 데 가장 강력한 방법이기도 하다. 인간은 침묵을 본능적으로 두려워하므로 상황을 환기하는 데 적절하다. 단, 너무 자주 사용하면 역효과를 가져올 수 있다.
적당한 긴장	긴장해야 할 상황에서 적당히 긴장하는 것이 지나치게 번지르르하게 말하는 것보다 신뢰감을 준다. 너무 말을 잘해도 신뢰도가 떨어진다.
문장은 짧게(단문으로)	문장은 가급적 주어, 서술어가 모두 들어간 완전한 문장을 사용한다. 특히 문장을 종결짓지 않는 습관이 있는 경우에는 더욱 주의해야 한다.
자연스러운 구어체 사용	발표자와 청중은 대등한 관계이므로 지나친 경어 사용을 피하고, 구어체를 쓰는 것이 좋다.[62]

62) 스피치에서 구어체와 문어체의 이상적인 균형은 청중과 상황에 달려있다. 예를 들어 "이건 애들이 엄청 좋아하는 건데…" 라는 표현과 "이 물건은 어린아이들의 선호도가 매우 높은…" 이라는 표현은 큰 차이가 있다. 따라서 상황과 청중에 맞는 적합한 표현을 구사해야 한다.

ㅁ 질의응답 전략

발표 후 질의응답 과정은 매우 중요하다. 발표를 성공적으로 끝냈다 하더라도 발표 후에 이어지는 질의응답에 적절하게 대응하지 못한다면 앞의 발표는 의미가 없어진다.[63] 발표자가 질문을 받게 되는 경우 가능한 한 예의를 갖추어 질문을 듣고 답변해야 한다. 그런데 발표 시 질문을 던졌다가 의도했던 대답이 나오지 않으면 당황할 수도 있다. 따라서 대답을 반드시 들어야 하는 질문과 전달 효과만을 노리는 질문을 구분하여 상황에 맞게 질문을 던지는 요령이 필요하다. 질문을 받고 대답할 때는 다음과 같은 순서로 한다.

질문에 대처하는 방법	주의할 점
1. 질문을 잘 듣는다	• 질문을 들을 때 이야기하는 사람을 주목하라. • 답변을 생각하면서 자료를 들춰 보거나 질문이 채 끝나기도 전에 답변해서는 안 된다.

63) 도로시 리즈의 『질문의 7가지 힘』에서는 질문이 가지고 있는 힘을 다음의 일곱 가지로 이야기하고 있다.
첫째, 질문을 하면 답이 나온다. 둘째, 질문은 생각을 자극한다. 셋째, 질문을 하면 정보를 얻는다. 넷째, 질문을 하면 통제가 된다. 다섯째, 질문은 마음을 열게 된다. 여섯째, 질문은 귀를 기울이게 한다. 일곱째, 질문에 답하면 스스로 설득이 된다. - Dorothy Leeds, 『질문의 7가지 힘』, 노혜숙 역, 더난출판, 2003 참조.

2. 질문의 의도를 파악한다!	• 질문의 의도에는 다음과 같은 것들이 있다–불명확한 점을 명확히 하고 싶다/의견을 말하고 싶다/반론하고 싶다/검증하고 싶다/두드러지고 싶다/심술을 부리고 싶다/발표자를 곤란하게 하고 싶다 등 • 설명을 요하는 질문에는 설명을, 의견을 피력하거나 두드러지고 싶어 질문에는 간단한 호응을 해 주면 된다. • 발표자를 곤란하게 할 목적으로 질문하는 경우 회피하거나 같이 맞서지 말고 다른 청중이 상황을 파악하도록 이야기하며 마무리하는 것이 효과적이다. 질의응답은 질문자와 발표자 둘만의 이야기 상황이 아니다.
3. 요약한다	• 질문을 들은 후 질의자의 질문 내용을 요약하며 자신이 질문을 정확히 이해하고 있는지 질문자에게 확인하는 것이 필요하다.
4. 질문을 청중 전체와 공유한다	• 질문한 사람과 답변하는 사람, 두 사람만의 대화가 되지 않도록 한다. 청중들 모두와 공유할 수 있도록 이끌어나가야 하므로 발표자는 질문을 요약하며 다른 청중들의 의견을 묻는 등의 방식으로 다른 청중들이 배제되지 않도록 주의를 기울여야 한다.
5. 칭찬한다	• 질문을 다 들은 후 답변하기 전에 질의자를 격려하는 것이 필요하다. "참 좋은 질문입니다.", "(아주) 좋은 지적입니다." 등.
6. 대답한다	• 질문에 대한 답변은 너무 길지 않게 한다. 너무 긴 답변은 청중을 지치게 한다.
7. 대답이 질문자의 의도에 맞는 것인지 확인한다	• 답변을 한 후에는 "질문에 대한 답변이 되었나요?"라고 물으며 질의자에게 충분한 답변이 되었는지를 확인한다.

질문의 유형에는 뚜렷하고 구체적인 답을 원하는 직접 질문, 답을 이끌어내는 질문인 유도 질문이 있다. 또한 '네', '아니오'로 답하는 폐쇄형 질문과 여러 대답이 가능한 개방형 질문으로 나눌 수도 있다. 대화에서

의 질문은 가능한 일반적인 질문보다는 구체적인 질문이 좋으며, 폐쇄형 질문보다는 개방형 질문이 바람직하다. 반대로 자신의 주장을 관철시켜야 하는 토론에서는 개방형 질문보다는 폐쇄형 질문이 유리하다. 상황에 맞는 질문을 던지는 요령이 필요하다. 일반적, 폐쇄형 질문을 구체적, 개방형인 질문으로 바꾼 예는 다음과 같다.[64]

일반적, 폐쇄형 질문	→	보다 구체적, 개방형 질문	→	가장 구체적, 개방형 질문
당신은 지금 하는 일을 좋아하십니까?	→	당신이 지금 하는 일에 대해 어떻게 생각하십니까?	→	당신이 하는 일에서 가장 어려운 문제 세 가지는 무엇입니까?

몇 가지 예를 더 살펴보면 다음과 같다.

폐쇄형 질문		개방형 질문
내가 도와줄까요?	→	내가 무엇을 도와줄까요?
그 일을 끝내지 않았습니까?	→	그 일을 끝낼 수 없었던 이유가 무엇입니까?
내가 전에도 말하지 않았나요?	→	당신을 이해시키려면 내가 어떻게 말해야 했을까요?

□ 기타: 성별에 따른 차이

프레젠테이션 발표자의 성별에 따라서도 일반적 특징들을 살펴볼 수 있다. 다음은 부정적 특징에 해당하는 예들을 제시한 것이다.[65]

64) Dorothy Leeds, 『질문의 7가지 힘』, 노혜숙 역, 더난출판, 2003, 46쪽.
65) 일반적이라는 것은 평균적이라는 것을 의미하며, 발표자에 따라 개별적 특징이

일반적인 남성 발표자의 부정적 특징	일반적인 여성 발표자의 부정적 특징
■ 목소리를 저음으로 웅웅거리듯이 낸다. ■ 목소리 톤의 변화가 거의 없고 단조롭다. ■ 발음이 부정확하다. ■ 건들거리는 인상을 준다. ■ 딱딱한 인상으로 말한다.	■ 목소리가 작은 편이다. ■ 평상시 습관적으로 비음이 섞인 목소리를 낸다. ■ 말끝을 흐리거나 비격식적 말투를 너무 많이 쓰기도 한다. ■ 긴장하면 머리를 쓸어 넘기거나 팔짱을 끼기도 한다. ■ 자주 웃는 습관이 있는 경우 가벼워 보일 수 있다.

2) 프레젠테이션의 실제

ㅁ 설득하기와 설명하기

발표의 주제는 크게 두 가지 유형으로 나눌 수 있다. 먼저 정보를 전달하기 위한 설명적인 발표('설명하기')가 있다. 그리고 어떤 특정한 주제를 설득하기 위한 발표('설득하기')도 있다.[66] 설득하기는 자신의 주장을 제시하고 그와 관련된 정보를 논리적으로 조직하여 주장의 근거로 삼는다. 어떤 문제점의 원인과 결과를 설명하고 해결책이나 자신의 의견을 제시하기도 한다. 설명하기는 권위 있는 다양한 자료들을 바탕으로 사실에 관한 정확한 정보를 적절한 예시를 들어가며 설명하는 것이다.[67]

달리 나타날 수 있다.

66) 이외에 축사나, 창의적이거나 심미적 능력을 예술작품의 발표 등도 있다.

67) 설명은 객관적인 것이기는 하나 발표에서는 이에 대한 발표자의 내용 분석과 해설을 통해 발표자의 의견을 드러내는 것이 중요하다. 정보전달 주제 구성시 주의할 점은 첫째, 너무 많은 것을 담지 마라. 둘째, 청자에게 정보 조직의 틀을 제공하라. 셋째, 간단한 것부터 복잡한 것으로 나아가라. 넷째, 친근한 것에서 낯선 것으로 구성하라. - Jo Sprague, Douglas Stuart, 『발표와 연설의 핵심 기법』, 박이정, 2008, 486쪽.

둘 중 주제가 무엇이든 중요한 것은 발표자 자신의 특징을 잘 드러낼 수 있어야 한다는 점이다. 빅데이터의 시대에 이제는 더 이상 단순한 자료조사를 제시하는 발표는 의미가 없다. 조사한 자료를 비판적 시각에서 간략하게 분석해 낸 결과나, 이에 더 나아가 분석한 사항에 대한 적절한 해결책이나 대안까지 제시 할 수 있는 비판적 사고의 결과를 발표하도록 해야 한다. 결론적으로 모든 발표는 단 하나만을 남기려 해야 한다. 발표에서 전달하는 것은 내용이 아닌 발표자 자신이어야 한다.

ㅁ 프레젠테이션 실습

발표 실력을 높일 수 있는 가장 좋은 방법은 공적인 자리에서의 발표 기회를 많이 접해보는 것이다. 여기서 살펴볼 프레젠테이션 방식은 5분 자유주제 발표와 경쟁 PT 두 가지이다. 5분 자유주제 발표는 제한된 5분이라는 시간에 맞추어 자유 주제를 선정하여 발표하는 것을 말한다. 발표가 익숙하지 않은 경우 이 방식으로 연습하면 좋다. 자유 주제로 하는 개인발표가 익숙해지면 같은 주제를 놓고 그룹끼리 경쟁하는 경쟁 PT를 해 보는 것이 도움이 된다. 자유주제 발표인 비경쟁 PT와 경쟁 PT의 차이점은 다음과 같다.

	비경쟁 PT – 자유주제 발표	경쟁 PT
▪ 목표 수준	청중이 기대하는 수준 이상만 달성하면 된다.	청중이 기대하는 수준 이상뿐만 아니라 경쟁자보다 더 높은 가치를 제공해야 한다.[68]
▪ 발표 주제	설명하기이든 설득하기이든 자유롭게 선정할 수 있다.	청중을 설득할 수 있는 주제여야 한다.[69]

경쟁 PT는 청중의 기대 수준 이상을 만족시키는 것뿐만 아니라 경쟁자보다 높은 가치를 제공해야 하기 때문에 자유주제로 발표 연습을 하는 비경쟁 PT에 비해 더 많은 준비가 필요하다. 다음은 실제 진행 방식을 예를 들어 설명한 것이다.

진행 방식	세부 사항
1. 조 선정 주제 선정	■ 4-5명의 학생들을 한 그룹으로 모아 설명과 설득이 가능한 주제를 선정한다. ■ 설명하기와 설득하기가 모두 포함될 수 있는 조금 복잡한 주제를 선정한다.
2. 발표시간	■ 각 학생들은 10분 정도의 발표를 준비한다. 각 발표자의 발표 구성은 앞의 5분 정도는 설명을, 뒤에 5분 정도는 자신의 주장을 설득하는 방식으로 구성한다. ■ 같은 그룹의 발표자들은 발표 내용, 방식 등에서 서로 영향을 받을 수 있으므로 현장에서는 서로 상호 참관을 못하게 하고, 동영상을 촬영하여 차이를 확인하도록 한다.
3. 평가하기	■ 발표자는 자기 평가서를, 청자는 그룹 평가서를 작성한다. ■ 청자들은 평가표 1과 평가표 2를 작성한다. 평가표 1은 발표자 개개인에게 피드백 해 줄 수 있는 사항들을, 평가표 2는 같은 주제를 발표하는 발표자들의 공통점과 차이점을 비교 평가하도록 한다.

68) 함주한, 『프레젠테이션 상식 사전』, 길벗, 2008, 32쪽.

69) 평가하는 청자들의 입장에서는 같은 주제에 대해 설명과 설득의 다른 방식을 접함으로써 설명과 설득에 있어서 각각 좋은 점과 피해야 할 점을 간접 경험을 통해 터득하는 기회가 된다. 발표자들의 발표가 모두 끝난 후에는 그 주제에 대해 자연스럽게 토론이 이루어질 수 있다.

ㅁ 평가하기

발표 실력을 향상시키기 위해서는 발표 후 자신의 발표를 평가하는 과정이 반드시 필요하다. 자신의 발표를 동영상으로 촬영하여 발표가 끝나고 난 후 스스로 평가해 보는 것은 매우 유익하다. 또한 교수와 다른 학생들로부터 자신의 발표의 장단점을 피드백 받는 것이 발표 실력을 향상할 수 있는 가장 효과적인 방법이다. 다음으로는 발표자가 준비 단계에서 점검해야 하는 자기점검표와 교수의 발표 평가 기준, 그리고 학생들의 상호 평가양식과 자기 평가 양식, 경쟁 PT 평가표의 예를 차례대로 소개한다.

발표자 자기점검표

	발표자 자기점검표(Check List)[70]	O	X
1	발표하는 공간에서 가장 멀리 있는 물체를 찾아 자신의 목소리가 그곳까지 전달되는지 확인하라.		
2	조용한 목소리는 청중을 쉽게 잠들게 한다.		
3	당신이 말해야 하는 것에 집중하라. 당신이 말하고 있는 것에 집중하는 것이 아니다.		
4	구어체를 사용하는 것이 당신의 청중을 가장 쉽게 이해시킬 수 있는 방법이다.		
5	당신이 속어를 사용한다면 그것에 대해 설명을 하거나, 의도적으로 사용하는 것임을 암시하라.		
6	약어를 맨 처음 사용할 때는 원래 이름을 말하라.		
7	발음을 정확히 하라. 정확히 분절하여 발음하라.		
8	청중들의 반응을 즉각적으로 받아들여가며 이야기하라.		
9	청중들은 발표자에게 빚지고 있는 것이 아무것도 없다. 모든 것은 당신 책임이다.		
10	무엇을 말하는가가 중요한 것이 아니다. 어떻게 말하는가가 중요하다.		
11	청중들과 시선 맞추는 것에 유의하라.		
12	당신의 비언어는 당신이 사용하는 말과 일치해야 한다.		
13	당신의 눈은 신뢰감을 전달한다. 청중이 당신의 눈을 보도록 하라.		
14	청중이 당신에게 가지는 첫인상은 처음 3초에 결정된다.		
15	당신이 일상대화에서도 손동작을 사용한다면 프레젠테이션에서도 사용하라.		
16	청중의 수가 많아질수록, 당신의 몸동작이나 표현도 커져야 한다.		
17	프레젠테이션에 성공할 수 있는 가장 손쉬운 방법은 준비!		
18	슬라이드 한 장에 5줄 이상 들어가 않도록, 한 줄에 5단어 이상 들어가지 않도록 하라.		

19	시각 자료 한 장은 하나의 주제만 담아야 한다.		
20	말하지 않을 것을 시각자료에 넣지 말 것.		
21	시각자료는 당신의 이야기보다 앞서지도 뒤서지도 않아야 한다.		
22	청중이 시각자료를 보기를 원한다면 당신도 시각자료를 볼 것. 청중이 당신을 보기를 원한다면 당신은 청중을 볼 것.		
23	얼마나 자주 연습하는지가 얼마나 오래 연습했는가보다 중요하다.		
24	그날 그 상황에 맞는 느낌으로 전달하라		
25	질문자는 방의 이곳저곳에서 지목하라.		
26	질문을 받는 동안은 질문자에게 전적으로 주목하라.		
27	질문을 이해하지 못했다면 다시 물어보라.		
28	질문을 모든 청중을 향해 반복하라.		
29	정답을 모른다면 추측하지 말라.		
30	답변은 10초안에 하라.		
31	답변은 반드시 확인하라.		

70) Thomas K. Mira, *Speak Smart, The art of Public Speaking*, The Princeton Review, 1997.

교수 평가표

내용	1. 발표의 시작에서 청중의 흥미를 유도하고 있는가. 발표의 끝에서 내용을 잘 정리해 주고 있는가. 2. 주제의 설정은 적절한가. 주제는 구체적이며 전체 내용을 담아내기에 적합한가. 3. 자료 수집은 충분하며 적절하다고 판단되는가. 구체적인 자료를 제시하고 있는가. 4. 이성과 감성에 동시에 호소하고 있는가. 5. 문장의 사용은 적절한가. 효과적인 표현을 사용하고 있는가. 논리적인 비약은 없는가.
전달	6. 자세는 바른가. 표정과 동작은 적절한가. 7. 시선은 청중을 주시하는가. 8. 발음은 명확한가, 목소리의 크기는 적절한가, 말의 속도, 억양은 적절한가.
기타	9. 청중의 반응은 긍정적인가. 10. 시간의 배분은 적절한가. 11. 충분한 준비가 있었으며 성실한 프레젠테이션이었는가.

발표 상호 평가표 (영어영문학과 60070*** 송 ○○)

발표자 ____________ 제목: 성형수술 총점: 7

내용 (3/4)	주제 선정과 준비	전달 (3/4)	자세/시선
	자료 제시의 구체성		언어 전달의 명확성
	논리성, 명확성		청중 반응
	흥미, 창의성		질의응답
기타 (1/2)	- 발음을 정확하게 하였으나, 목소리에 힘이 없어 청자가 긴장감을 느끼지 못했다. - 자료를 보면서 설명을 하여 시선이 아래로 향하여 집중력이 분산되었다. - 성형이라는 주제는 좋았으나 대부분이 아는 사실을 바탕으로 해서 이목을 끄는 부분이 없었다. - 보다 다양한 예시를 보강하는 것이 좋으리라 생각한다. - 질의응답 시 자신감이 없어 신뢰감을 떨어트린다. 말이 빨랐다. - 마지막 인사가 매끄럽지 못해 아쉬움이 남는다.		

발표자 ____________ 제목: 한글의 우수성 총점: 8

내용 (3/4)	주제 선정과 준비	전달 (3/4)	자세/시선
	자료 제시의 구체성		언어 전달의 명확성
	논리성, 명확성		청중 반응
	흥미, 창의성		질의응답
기타 (1/2)	- 주제 선정이 평이하다. 좀 더 새로운 시각에서 시도해 보았으면 하는 아쉬움이 남는다. - 5분이라는 시간을 지키지 못했고, 내용이 너무 설명 위주였다. - 말이 점점 빨라졌으나, 표정과 목소리, 톤 등은 차분함을 유지했다. - 한 가지 사례를 일반화하려고 했던 것이 신뢰감을 떨어트렸다. - PPT에서 설명 글이 너무 많아 보기에 어렵다. - 손동작이 너무 많아 산만한 감을 준다. - 질문에 대한 사전 준비가 철저했다. 대답도 적절히 잘 하였다.		

발표 자기 평가서 (60031*** 여 ○○)

<table>
<tr><th>구분</th><th>항목</th><th>평가</th><th>보완점</th></tr>
<tr><td rowspan="3">내용</td><td>발표의 시작과 끝</td><td>처음 시작하는 부분을 색다르게 청중에게 질문을 유도하면서 좋은 반응을 유도하기 위해 노력하였고 마지막 부분은 시간 안배가 잘 안 되어서 흐지부지되었다.</td><td rowspan="3">내용적인 부분에서 많은 준비를 하였지만 초반에 설명하는 부분에 시간을 너무 많이 안배하여서 끝부분이 너무 왜소해 보였다. 시간관리의 중요성을 다시 한번 느끼게 되었고 자료 제시 부분에서는 PPT를 시각적으로 잘 만들어 청중의 좋은 반응을 이끌 수 있었던 것으로 판단된다. 설득 부분의 보완이 필요하다고 평가된다.</td></tr>
<tr><td>주제</td><td>주제에 관해서는 논점에서 벗어나지 않았다.</td></tr>
<tr><td>자료 제시</td><td>시각적 효과를 주어 청중의 관심을 유도하기 위해 노력하였고 수치화한 자료도 도표를 이용하여 이해하기 쉽도록 하였다.</td></tr>
<tr><td rowspan="4">태도</td><td>자세</td><td>너무 긴장하지 않고 편안한 발표를 위해 노력하였고 목표했던 효과가 나타난 것 같다.</td><td rowspan="4">긴장하지 않고 청중과 호흡하기 위해 노력하였다. 청중과의 호흡 부분에서는 상당히 잘 되었다고 판단되는데 그에 따른 방법이 시간을 예상보다 많이 소요하여서 예상 시간보다 많이 벗어난 것으로 평가된다. 발표 전 시뮬레이션을 통하여 시간 안배의 효율성을 높여야 할 것으로 판단된다.</td></tr>
<tr><td>표정</td><td>청중과 이야기하는 듯한 편안한 표정이 좋았던 것으로 판단된다.</td></tr>
<tr><td>동작</td><td>PPT를 가리키면서 설명하였던 부분이 청중으로 하여금 신뢰를 더욱 얻을 수 있었던 부분인 것으로 판단된다.</td></tr>
<tr><td>시선</td><td>청중을 고루 보려고 노력하였지만 한곳만을 응시하는 시간이 많았던 것 같았다.</td></tr>
<tr><td rowspan="3">음성</td><td>발음</td><td>평이하게 이상한 부분은 없었지만 간혹 새는 발음이 있어서 교정해야 한다고 평가</td><td rowspan="3">음성 및 목소리에 대한 말하기의 외적 자세는 크게 나쁘지 않다고 판단된다. 마지막에 시간에 쫓겨서 급하게 말하다 보니 말의 속도가 빨라졌던 것 같다.</td></tr>
<tr><td>목소리</td><td>목소리의 크기는 적절하였다고 판단된다.</td></tr>
<tr><td>말의 속도</td><td>마지막에 시간에 쫓겨 말이 빠르게 되었다.</td></tr>
</table>

<table>
<tr><td rowspan="4">기타</td><td>청중 반응</td><td>질문을 던지는 방식이 효과적이어서 청중과 함께 공감대를 갖고 반응을 유도할 수 있었다고 생각된다.</td><td rowspan="4">청중과 호흡하기 위해 많이 노력하였던 부분이 발표 시 나타나서 반응이 좋았던 것으로 판단된다. 사실에 근거한 자료 설명은 비교적 잘 되었다고 생각되지만 감성을 자극하려는 부분이 시간 관계상 잘 이뤄지지 않은 것으로 판단된다.</td></tr>
<tr><td>이성과 감성에 동시에 호소</td><td>이성적인 부분은 수치를 이용하여 설명하였고 감성적인 부분은 결론에서 소개하였지만 결론이 시간적인 제한으로 많이 부족</td></tr>
<tr><td>시간 배분</td><td>처음 설명하는 부분에 시간을 너무 많이 안배하여서 마지막 결론 부분이 미흡</td></tr>
<tr><td>질문에 응하는 태도</td><td>최대한 청중을 존중하려고 노력하였으며 무례한 부분은 없었던 것으로 판단된다.</td></tr>
<tr><td>총평</td><td colspan="3">발표를 마치고 가장 후회되었던 부분은 위에서도 거듭 언급하였던 시간 관리 부분이다. 시간 관리가 잘 되지 않아서 내용, 태도, 음성, 기타의 모든 부분에 영향이 미친 것으로 판단된다. 시간 관리의 중요성에 대해 다시 한번 인식하는 좋은 기회가 되었던 것으로 판단된다. 실제 상황에 맞는 시뮬레이션 연습이 이뤄지면 예상 시간을 정확하게 판단할 수 있을 것으로 생각된다.</td></tr>
</table>

경쟁 PT 평가표

평가표 1 - 경쟁 PT 개인 평가표 예

발표자 ○ ○ ○ 제목 공무원 노조의 단체 행동권을 인정해야 한다.

총점 28 /45

평 가 항 목		점 수				
		1	2	3	4	5
설명(10)	자료제시는 구체적인가 (구체성)			√		
	명확하게 전달되었는가 (명확성)		√			
설득(15)	논거의 제시가 적절한가 (논리성)			√		
	논거와 주장의 연결이 설득력있는가 (타당성)				√	
	호소력 있는가 (호소력)			√		
전달(20)	시선처리는 적합한가				√	
	자세, 표정과 동작은 적절한가			√		
	발음, 성량, 말의 속도, 어조는 적절한가				√	
	성실하게 준비하였는가		√			

기타의견 ; 설명이 구체적이기는 하지만 모든 사항을 짧은 시간에 모두 설명하려다 보니 명확하게 전달된 사항이 없는 것이 아쉽다. 설득에서는 단체 행동권을 인정해야한다는 본인의 주장은 확실히 전달되나 그 근거가 부족한 느낌이다. 비언어적 요소들은 대체로 양호하나 짧은 시간에 준비한 것을 모두 설명하려다 보니 말이 너무 빠른 점이 아쉽다.

평가표 2 - 경쟁 PT 그룹 평가표 예

작성자 ○ ○ ○ 주제 공무원 노조의 단체 행동권을 인정해야 한다.

	발표자1	발표자2	발표자3	발표자4	발표자5
설명(10)	5	8	5	5	7
설득(15)	10	8	10	13	14
전달(20)	13	13	15	15	18
총점(45)	28	29	30	33	39

■ 발표자별 설명 방식의 공통점 및 차이점

공통점 : 발표자들은 모두 공무원 노조와 민간 기업의 차이점을 설명하면서 공무원노조의 특성에 대해 설명하였다. 5명 모두 설명이 너무 길고 장황해서 설득에 대한 초점이 제대로 맞추어지지 않았다.

차이점 : 〈발표자 1〉은 실례를 통한 설명 방식이 돋보였다. 〈발표자 2〉는 시간순서적 배열로 설명하는 방식을 취하였고, 〈발표자 3〉은 기본적 개념에 〈발표자 4〉는 각 단체별 입장에, 〈발표자 5〉는 우리나라와 해외사례 비교에 초점을 맞추어 설명하였다.

■ 발표자별 설득 방식의 공통점 차이점

공통점 : 자신의 주장의 근거를 5명 모두 해외사례에 바탕을 두고 있었다. 그러나 다른 나라가 이렇게 하니 우리도 이렇게 해야 한다는 식의 주장은 설득력이 약하다. 구체적으로 공무원 노조가 어떻게 운영되는지에 대한 언급이 적었던 점이 아쉽다.

차이점 : 차이점이 뚜렷하게 발견되지 않았으나 배포자료를 준비했던 〈발표자 5〉의 근거가 가장 신뢰감 있게 받아들여졌다.

■ 개선방안 : 설명부분은 표나 그래프 등으로 청자가 상황을 시각적으로 받아들일 수 있게 하는 것이 좋겠다. 설득 부분은 순기능, 역기능 분석과 발생가능한 문제가 최소화되는 부분이 어느 쪽인지 언급하면 보다 효과적이리라 생각한다. 실례를 알기 쉽게 정리하는 것도 좋은 방법이라 생각한다.

3. 토의 · 토론

3.1. 토의 · 토론 톺아보기
3.2. 토의 · 토론 해보기

3 토의 · 토론

3.1. 토의 · 토론 톺아보기

3.1.1. 토의 · 토론의 개념

토의 · 토론은 민주주의 사회의 시민으로서 합리적인 의사 결정을 하기 위해 요청되는 필수적인 말하기 방식이다. 대학에서 이루어지는 토의 · 토론은 다양한 의견과 주장에 대한 분석력과 비판력을 기르는 유용한 수단일 뿐만 아니라 지식의 통합적 활용 능력을 향상시킬 수 있는 효과적인 의사소통 방식이다. 또한 미래 사회를 이끌어갈 대학생들의 성찰 능력과 문제 해결 능력의 향상에도 큰 도움이 된다.

대화를 통해 문제를 해결하는 토의와 토론은 일반적으로 혼용되거나 넓은 의미의 토의에 토론이 포함되기도 한다. 일상생활에서는 토의를 진행하다가 의견 충돌이 생겨 토론으로 발전하기도 하고 토론을 하는 과정에서 쟁점이 형성되지 않아 토의로 끝나거나 토론에 토의가 첨가되는 경우도 있다. 그러나 엄격하게 살펴보면 토의와 토론은 차이가 있다.

토의와 토론은 모두 문제 해결을 위한 합리적인 대화 방식이지만 토의는 특정한 문제에 관해 여러 사람이 각자의 의견을 내놓고 검토하고 협의하는 것을 의미한다.[71] 토의는 일정한 지식 획득, 문제 해결, 가치 명료화 등의 목적을 달성하기 위해 두 사람 이상이 대면적 상황에서 정보나 아이디어를 교환하는 협동적인 과정이다. 이에 비해 토론은 어떤

71) 신재한 외, 『토의 · 토론교육의 이해와 실제』, 한국학술정보, 2012, 11쪽.

주제에 대해 서로 다른 주장을 하는 사람들이 논증과 실증을 통해 규칙에 따라 자기의 주장을 정당화하여 다른 사람을 설득하는 논쟁식 대화라 할 수 있다.[72] 따라서 토론은 상대방을 비판하고 자신의 주장이 더 합리적이라는 것을 밝히는 대립적 태도가 요구된다. 토의가 협력 관계에 있는 다수의 의견을 중심으로 결론을 찾아가는 과정이라면, 토론은 상호 경쟁적인 의견 대립자들에 의한 치열한 논리 싸움이다. 그럼에도 불구하고 토의와 토론은 모두 갈등과 문제를 해결하기 위한 논의 과정임을 잊지 말아야 한다. 토의와 토론은 문제 해결을 위해 서로 다른 의견을 말하고 듣는 대화의 과정이며 주어진 논제를 둘러싼 관점들을 논의하면서 그 논제에 대한 이해를 넓히는 과정[73]이라는 점에서는 동일하다.

토의와 토론의 비교[74]

구분		토의	토론
정의	개념	특정 문제를 해결하기 위한 다양한 해결 방안을 모색하는 과정	특정 주제에 대한 찬성과 반대의 의견 교환을 통해 결론을 도출하는 과정
	관계	토론에 의해서 도달한 결론에 대해 새로운 대안을 도출하는 의사소통 방식	토의에 의해서 최종적으로 선택된 해결 방안에 대하여 찬성, 반대를 논하는 의사소통 방식
예	질문	한국 영화 활성화를 위해 무엇을 해야 하는가?	한국 영화 활성화를 위해 스크린 쿼터제를 도입해야 하는가?
	진술	한국 영화 활성화 방안을 모색해야 한다.	한국 영화 활성화를 위해 스크린 쿼터제를 도입해야 한다.

72) 정문성, 『토의 · 토론 수업방법』, 교육과학사, 2011, 13-16쪽 참조.
73) 장혜영, 『발표와 토의』, 커뮤니케이션북스, 2011, 78쪽.
74) 천대윤, 『토의, 토론 회의 방법론』, 선학사, 2004, 45쪽 참조.

특성	성격	상호 협동적 의사소통 과정	상호 충돌, 대립적, 공격적 의사소통 궁극적으로는 협동적 과정으로
	과정	대안 모색을 통한 변화 시도	정반합의 과정을 통한 변화 시도
	발언 기회	발언 기회가 동일하게 주어지지 않을 수 있음	각 팀에 발언 기회가 동일하게 주어짐
	목적	토의는 각자가 가지고 있는 의견의 개진, 검토, 교환으로 족함	토론은 찬성, 반대의 논쟁을 통해 결론 도출을 목적으로 함

3.1.2. 토의 · 토론의 유형

1) 토의의 유형

토의는 토의 목적, 운영 방식, 토의 집단의 크기 등에 따라 다양한 형태로 분류된다. 토의의 운영 방식에 따른 대표적인 유형을 살펴보면 다음과 같다.[75]

토의 유형	특징 및 운영 방식
브레인스토밍 토의 (brainstorming discussion)	토의 주제에 대해 새로운 아이디어를 창출하는 것을 목적으로 자유롭게 논의를 전개한다. 6~8명 정도가 토의집단을 이루어 ① 공동 과제 확인, ② 문제 해결 방법 모색, ③ 개인별 과제 분담, ④ 개인별 아이디어 발표, ⑥ 모둠 토의, 모둠 토의 결과 보고서 작성 및 발표 순으로 진행한다. 브레인스토밍은 사소한 것이라도 많은 의견을 내는 것이 중요하므로 의견에 대한 비판은 삼간다. 아이디어를 내기 위해서는 유사 연상 법칙, 반대 연상 법칙, 접근 연상 법칙 등을 사용할 수 있다.

75) 권낙원 · 박일수, 『현장교사를 위한 토의수업의 이론과 실제』, 문음사, 2011, 41-45쪽, 이두원, 『논쟁-입장과 시각의 설득』, 커뮤니케이션북스, 2005, 18쪽 참조.

원탁 토의 (round table discussion)	사회자의 진행에 따라 좌담 형식으로 자유롭게 발언하는 토의 형식이다. 구성원들은 주제에 대하여 정보를 교환, 분석, 평가하여 결론에 도달한다. 원탁 토의의 목적은 참여자들 간의 활발한 아이디어 교환이므로 참여자들이 능동적으로 참여하여 협력적인 태도로 의견을 발표할 수 있는 자유로운 분위기가 전제되어야 한다.
포럼 토의 (forum discussion)	고대 로마의 포럼(forum)에서 유래한 집단 토의를 의미하며 청중의 참가라는 의미가 강하다. 사회자는 회의를 개최하고, 1~2명의 토의자가 발언을 한 후 청중이 토의자에게 질문을 한다. 강사의 강의 후 청중이 토의를 하는 강의 포럼(lecture forum), 대표자의 토론이 끝난 다음 청중이 의견을 나누는 논쟁 포럼(debate forum) 등이 있다.
심포지엄 (symposium)	심포지엄에서는 서로 다른 관점을 가진 강연자가 논점이나 문제점을 발표한다. 강연자의 발표가 끝나면 강연자와 사회자 또는 청중과의 질의응답 과정이 진행된다. 복잡한 주제와 문제들을 부문별로 쉽게 나누어 다룰 수 있다. 집단의 의사결정보다는 한 가지 주제를 놓고 깊이 있게 학술적으로 논의하는 데 효과적이다. 강연의 개요 또는 자료집 등을 사전에 청중에게 배부하면 심포지엄의 효과가 높아진다.
세미나 (seminar)	사회자, 발표자, 토론자(1인 이상), 청중으로 구성. 발표자가 주제에 대해 발표한 후 토론자들이 그에 대해 토론하고 청중도 참여 기회를 가진다.
워크숍 (workshop)	공동체의 조직 역량 강화를 위한 내부적인 자체 연수 훈련이라는 의미로 자주 사용된다. 몇 개의 소집단으로 분류하여 각 집단별로 특정 작업과 토의를 병행하여 전개하는 방식이다. 계획서나 보고서 공동작업 등에서 활용할 수 있다. 참여자들은 각자의 역할을 수행하고 상호 협력하는 자세가 필요하다.
지그소 토의 (jigsaw discussion)	과제집단 토의의 일종으로 지그소 퍼즐 방식을 응용한 조각 지식 맞추기 토의 혹은 협동학습 토의라 불린다. 토의 목적을 명확하게 인지하고 참여자 개인별로 과제를 분담한 후 역할을 배정한다. 참여자 각자가 가지고 있는 지식을 서로에게 가르쳐 전체적으로 하나의 종합적 지식을 완성하고 이해하는 방식이다.

버즈토의 (buzz discussion)	특정 주제에 대해 6명으로 구성된 참여자가 6분간 토의한다는 의미에서 6×6토의 혹은 토의 과정이 벌집을 쑤셔놓은 것처럼 웡웡거린다는 뜻에서 버즈 토의라 불린다. 버즈 토의는 어떠한 문제를 해결하거나 주어진 과제에 대해 논의하기 위해 전체를 일정한 시간 동안 3~6명의 소집단으로 나누어, 일제히 모임을 갖는 형식이다. 토의의 진행은 먼저 10~20분 정도의 짧은 시간 안에 소집단 토의를 끝내고 전체 집단이 모여 토의 결과를 종합하여 결론을 내리는 방식으로 전개된다.

2) 토론의 유형

토론은 그 목적과 장소에 따라 크게 자유 토론, 법정 토론, 아카데미 토론으로 나누거나[76] 주제에 따라 정책 토론과 비정책 토론[77]으로 나눌 수 있다. 자유 토론은 형식과 규칙이 엄격하지 않으며 흔히 볼 수 있는 TV 토론, 패널 토론, 난상 토론 등이 이에 해당된다. 토론을 교육하기 위한 아카데미 토론은 교실 토론과 토론 대회로 나뉘는데 찬성과 반대 입장이 분명하게 대립되고 토론 규칙이 엄격하게 적용된다. 또한 토론 결과에 따라 승패의 판정이 이루어진다. 정책 토론은 특정 주제에 대한 문제 인식의 차이, 해결 방안의 차이를 중심으로 토론이 진행되며 정책을 집행할 수 있는 방안이 반드시 포함되어야 한다. 반면 비정책 토론은 대부분 가치관의 차를 논하는 것으로 가치 토론으로 불리며 논제의 특성상 해결 방안의 제시가 불가능하다.

앞에서 설명한 자유 토론과 아카데미 토론의 특징을 비교하여 살펴보면 다음과 같다.

---

76) 이정옥, 『토론의 전략』, 문학과지성사, 2008, 30쪽.
77) 강태완 외, 『토론의 방법』, 커뮤니케이션북스, 2001, 57쪽.

자유토론과 아카데미 토론의 비교[78)]

구분	자유 토론	아카데미 토론
토론자의 입장	• 찬반의 입장이 아니어도 됨 • 입장이 다양할 수 있음 • 중간에 입장이 바뀌어도 상관없음	• 찬반의 입장이 대립됨 • 중간에 찬반의 입장이 바뀌지 않음 • 승패가 분명하게 판명됨
논제	• 의문형 논제 예: 출산율 저하, 이대로 좋은가? 체벌, 애정인가 폭력인가?	• 명제형 논제 예: 출산율 저하, 국가의 책임이다. 체벌, 교육의 수단이다.
사회자	• 사회자 있음	• 사회자가 없는 것이 원칙
형식	• 규칙과 형식이 엄격하지 않음 • TV 토론, 난상토론 등이 대표적인 예	• 규칙과 형식이 엄격함 • 지키지 않을 경우 감점
승패	• 승패를 분명하게 가르지 않음	• 승패를 분명하게 가름

또한 가장 널리 행해지는 아카데미 토론의 네 가지 형식을 살펴보면 다음과 같다.

아카데미 토론의 유형[79)]

토론 유형	특징 및 운영 방식
CEDA 형식, 교차 질문형 토론	정책 토론의 보편적인 형태인 CEDA(Cross Examination Debate Association) 방식은 현재 미국의 대학 간 토론 대

78) 이정옥, 앞의 책, 35쪽.

79) 강태완 외, 『토론의 방법』, 커뮤니케이션북스, 2001, 59-81쪽, 김주환, 『교실 토론의 방법』, 우리학교, 2014, 41-47쪽 참조.

(Cross Examination Debate Association)	회에서 가장 널리 행해지는 토론 형식이다. 각 팀은 두 사람으로 구성되며 토론자 개개인은 각각 세 번의 발언 기회(입론과 반박, 교차 질문)를 갖는다. 교차 질문은 상대의 주장에서 근거로 사용한 논거와 자료의 문제점을 분석하여 심문하는 것을 말한다. 평가는 훈련된 토론 전문가들에 의해 이루어지며, 논제와 관련된 자료 조사와 제기된 주장을 뒷받침할 수 있는 증거 제시에 큰 비중을 둔다. 토론의 순서에서는 찬성 팀이 먼저 시작하지만 반박은 반대팀이 먼저 시작한다. 이는 찬성 팀에게 마지막 반박의 기회를 부여하기 위한 것이다. 즉 주장의 신뢰성에 대한 입증 책임은 찬성 팀이 맡게 되며, 반대 팀은 한 가지라도 반박에 성공하면 토론에서 승리하게 된다.
링컨-더글러스 형식 (Lincoln-Douglas Debate)	링컨-더글러스 토론 형식은 가치 토론의 대표적 형식으로 양측 참가자 1:1로 행해진다. 토론의 부정측은 긍정 측이 제시한 가치 평가 대상과 평가 항목/기준의 관련성을 부인하면서 새로운 가치를 대안으로 제시해야 한다. CEDA 형식과 마찬가지로 긍정 측 토론자가 처음과 마지막 순서를 차지하고 부정 측 토론자의 발언 기회가 중앙에 집중되는 경향이 있다. 그러나 1:1 토론이므로 역할 분담과 반박 준비 시간이 없고 개인적인 능력과 이미지가 승패에 영향을 줄 확률이 높다.
칼 포퍼 형식 (Karl Popper Debate)	과학 철학자 칼 포퍼의 이론을 바탕으로 만들어진 토론 방식으로 주로 정책 논제를 다룰 때 행해진다. 세 명이 한 팀을 이루어 각 팀이 한 번의 입론과 두 번의 반론을 하며 마지막 반론을 제외하고는 매 스피치마다 교차 조사가 진행되는 토론 방식이다. 칼 포퍼 형식은 CEDA 형식과 마찬가지로 증거에 의거한 주장을 중시한다. 준비 단계와 진행 중 팀플레이가 중요하며 토론자는 찬반 양측을 모두 준비한다. 칼 포퍼식 토론에서는 주장을 제기하는 것보다 제기된 주장에 대한 비판과 반론을 강조하는 경향이 있다.
의회 형식 (Parliamentary	의회형 토론은 영국 의회의 특징을 반영한 토론 형식으로 형식이 단순하여 누구나 쉽게 할 수 있다는 장점이 있다.

Debate)	한 팀에 두 명이 참여하며, 그중 한 명이 두 번의 발언 기회를 갖고 다른 한 사람은 한 번의 발언 기회를 갖는다. 논제를 미리 공개하거나 토론 시작 직전에 공개하는 두 가지 방법이 있는데 후자의 경우 증거가 뒷받침된 주장보다는 논리력과 추론력, 일반 상식, 전달 기술이 승패를 좌우한다. 정책 토론과 달리 토론 중에 인쇄물이나 증거를 사용할 수 없고 토론 중간에 준비 시간도 없다. 그 대신 토론 중 상대 팀이 발언을 하고 있는 동안 자리에서 일어나 보충 질의, 의사 진행 발언, 신상 발언 등을 할 수 있다.

3.2. 토의 · 토론 해 보기

3.2.1. 토의 · 토론의 준비

1) 논제 선정

'논제'란 논란들 가운데 가장 핵심적인 사안을 명료하게 구분해 주는 진술문[80]으로 토의 · 토론의 의도와 목적, 즉 주제가 드러나도록 논의거리를 잘 다듬은 것을 말한다. 또한 '쟁점'은 논제에 포함되어 있는 사실 및 가치와 관련된 진술을 말하며, 문제의 지속성과 심각성, 실행 및 해결 가능성 등이 포함된다. 토의 · 토론을 준비할 때는 논제를 둘러싼 사회적 상황과 배경을 조사하고 이와 관련하여 어떤 입장들이 가능한지 살펴보며 논점을 구축해 가야 한다. 논점은 찬성 팀이나 반대 팀이 주장하는 세부 쟁점을 문장으로 진술한 것이다. 논점을 잘 찾아내기 위해서는 먼

80) 강태완 외, 위의 책, 34쪽.

저 논제의 종류와 그에 따른 특징을 알아야 한다.

논제의 종류

사실 논제	사실 판단에 관련된 논제, 사실 여부의 판단에 중점을 둠. 범죄의 성립 여부를 가리는 법정 토론의 경우 사실 논제가 대부분을 차지함.
가치 논제	가치 논제는 현안을 둘러싼 평가적 주장을 담고 있는 형식으로, 특정 가치를 수반하는 갈등 현안에 대한 승인 혹은 부정에 대한 주장이 제기됨. 가치 판단이 충돌하는 지점이 중요함. 예) 인간 배아 복제, 허용해야 하는가?
정책 논제	정책의 실행 방안에 대해 판단을 내리는 논제, 정책이나 제도의 문제점 또는 개선의 필요성과 개선 방안 등을 찾아보아야 함. 정책 논제로 토의나 토론을 할 경우, 주로 사회에서 실행하고 있는 정책을 왜, 어떻게 새롭게 바꾸어야 하는지에 대해 논의함. 또한 정책 논제는 부분적으로 사실 논제나 가치 논제의 요소를 포함하는 경우가 많음. 예) 여성 할당제, 사기업에도 적용해야 하는가?

(1) 토의에서의 논제 선정

토의 논제는 토의에 참여하는 구성원들의 경험이나 지식에 기초하여 선정된다. 좋은 토의를 위한 논제의 조건[81]은 다음과 같다.

- 토의 집단의 구성원(학생)들이 해결 가능하다.
- 토의 집단의 구성원 또는 모든 구성원(학생)들이 공통적으로 관심을 가진다.
- 제한된 시간 안에 토의 활동을 마무리한다.
- 토의 문제의 성격, 한계, 목적이 분명하게 제시되어 있다.

---

81) 권낙원 · 박일수, 앞의 책, 61쪽.

■ 구성원(학생)들의 사고력과 창의력을 유발한다.

토의에서는 논제는 반드시 대립적일 필요는 없으며 문장 형태 역시 서술문, 의문문 모두 가능하다. 논제 선정 시에는 현 상황(Status Quo)을 고려하여, 시의성, 공공성, 구체성, 접근성의 4가지 조건을 충족[82]시킬 수 있도록 해야 한다.

논제의 4가지 조건

시의성	시기적절한 의미를 가지고 있으며 현재에도 뜨거운 쟁점이 되고 있는 논제여야 함.
공공성	논제의 성격이 사적이거나 소수의 특정 일부 집단에 관련되지 않고 공공적 성격을 많이 지녀야 함.
구체성	내용의 실체가 분명한 것, 논의거리가 분명한 것을 말함.
접근성	교육 토의에서 대학생들이 다룰 수 있는 수준의 것이어야 함.

교육 토의의 경우 수업의 목적에 따른 논제를 선정할 수 있다.

수업 목적에 따른 토의 논제[83]

수업의 목적	설명	토의 논제 예시
용어의 명료화	용어들과의 관계를 통해 용어의 의미를 명료화함	'사랑'과 '우정'은 어떻게 다른가?
예측	원리나 법칙을 발견하고 증명함	30년 후 우리나라 인구 구성은 어떻게 변화할 것인가?

82) 김복순, 『발표와 토의』, 태학사, 2015, 209쪽.
83) 권낙원 · 박일수, 앞의 책, 60쪽에서 재구성.

아이디어 산출	새로운 아이디어를 창출	청년 실업의 해결 방안은 무엇인가?
현재의 문제 이해	현대 사회 문제의 쟁점들로 사회적으로 화제가 됨	대학의 구조 개혁, 문제는 없는가?
현상 이해	역사, 종교 등의 현상을 이해함	독일과 일본의 과거사 인식은 어떻게 다른가?
규범 및 가치 판단	도덕규범 또는 가치 판단과 관련됨	동성애자들의 결혼을 합법화해야 하는가?

토의에서 논제에 포함된 비판적 내용을 담은 진술을 '쟁점'이라고 한다. 쟁점은 현 상황의 변화 또는 수정되어야 한다고 주장하는 사실이나 가치와 관련된다. 토의에서의 쟁점은 토론과 달리 명사형, 서술문, 의문문 등으로 표현할 수 있으며 각 쟁점은 토의 내용이 중복되지 않도록 배타성을 지녀야 한다.

토의 논제와 쟁점의 예[84)]

논제	청년실업, 이대로 둘 것인가?
쟁점 1	경기침체의 문제
쟁점 2	교육 시스템의 문제
쟁점 3	구직자들의 대기업 선호 현상

(2) 토론에서의 논제 선정

토의와 마찬가지로 토론에서의 논제 역시 해결해야 할 문제나 대상이다. 토론이 상이한 의견 차이나 이익을 둘러싼 갈등에서부터 시작된다는

84) 김복순, 앞의 책, 217쪽.

점을 고려할 때, 토론은 논쟁적인 상황을 전제로 한다. 생산적인 토론이 이루어지려면 논쟁점들 가운데 가장 핵심적인 사안을 명료하게 나타내는 논제가 필요하다. 토론의 논제는 보통 정책이나 가치에 대한 논제로 찬반양론이 모두 나름대로의 장점을 가지며, 이를 입증하기 위한 합리성과 논리성을 갖추어야 한다.[85] 토론의 논제는 '명제(preposition)' 형식으로 기술하며 토론자들은 명제가 나타내는 판단에 대해 찬성 혹은 반대의 답을 해야 한다. 찬성 측은 현 상태의 개선과 변화를 요구하는 입장이 되는 반면 반대 측은 현 상태를 유지하려는 입장을 취한다. 논제를 설정하는 과정을 단계적으로 살펴보면 다음과 같다.[86]

논제 설정 단계	논제의 진술 방법	논제의 진술 사례
1단계 핵심적 쟁점 파악	현 상태를 반영한 핵심 쟁점 진술	사형 제도 폐지(사형 제도 실행 상태) 부정부패 공무원 명단 공개(명단 공개 미시행 상황)
2단계 의문형 진술 표현	가치중립적 진술	사형 제도 폐지해야 하는가? 부정부패 공무원 명단 공개해야 하는가?
3단계 논제형 진술 표현	현 상태의 변화를 요구하는 진술 찬성 측 vs 반대 측 (현 상태 변화 vs 현 상태 유지)	사형 제도 폐지해야 한다. 부정부패 공무원 명단 공개해야 한다.

토론의 논제가 갖추어야 할 조건을 알아보면 다음과 같다.[87]

85) 강태완 외, 앞의 책, 35쪽.
86) 이두원, 앞의 책, 4쪽.
87) 이정옥, 앞의 책, 55-57쪽.

- 시의성이 있어야 한다.
- 대립축이 분명해야 한다.
- 구체적으로 입증할 수 있는 과제를 담아야 한다.
- 찬성 측의 입장이 반영된 긍정형 평서문으로 제시한다.
- 한 가지의 중심적인 논쟁점을 단문으로 명확하게 제시해야 한다.
- 찬반 어느 한 편에 유리하게 작용하는 정서적인 감정이 담긴 표현은 피한다.

토론 준비 과정에서는 논점 분석이 매우 중요하다. 토론의 논점 분석은 논제와 관련된 주장을 여러 관점에서 살펴보고 자신의 입장을 세워가는 과정이라 할 수 있다. 논점 분석 과정을 편의상 세 단계로 나누어 살펴보면 다음과 같다.

논제 파악 ⇒ **논점 구축** ⇒ **논거 찾기**

① 논제 파악

a. 논제의 종류 파악하기

- 사실 논제
  - 개념 정의: 논제에서 가장 핵심적 용어의 개념을 어떻게 정의할 것인지 확인
  - 사실의 진위 여부: 추정된 사실이 실제로 일어났는지 확인
  - 특수성 고려: 추정된 사실이 일반적인 상황에도 적용되는지, 혹은 특수한 상황에만 적용되는지 확인하여 상황 판단

의 적절성 여부를 살핌.

- 절차상의 문제: 사실을 다루는 과정에서 절차상의 문제가 없는지 확인하고 갈등을 정당하게 해결하는 방법 모색

■ 가치 논제

- 개념 정의: 논제에서 가장 핵심적 용어의 개념을 어떻게 정의할 것인지 확인
- 가치 사이의 우선순위: 서로 다른 가치의 충돌 시 어떤 조건하에서 어떤 가치를 더 우선으로 삼아야 하는지 결정
- 가치의 판단 기준: 가치를 현실에 적용할 때 나타나는 결과를 고려하여 가치의 합리적인 판단 기준을 찾아야 함.

■ 정책 논제

- 개념 정의: 논제에서 가장 핵심적 용어의 개념을 어떻게 정의할 것인지 확인
- 현재 정책의 한계점: 현재 상황이나 정책이 어떤 측면에서 문제가 되는지 원인을 밝히고 현재의 정책을 유지하면서 제기된 문제점을 해결할 수는 없는지 살펴봄.
- 새로운 정책의 필요성: 새로운 정책이 필요한 배경과 동기를 찾음.
- 문제 해결의 가능성: 새로운 정책이 현재 제도가 지닌 문제를 해결할 수 있는지 검토
- 사회적 비용: 새로운 정책 도입 시 기존의 정책보다 비용, 대가, 이익 등의 측면에서 더 좋은 결과를 가져올 수 있는지 분석
- 다른 대안과의 비교: 새롭게 제안된 정책보다 더 나은 대안

적인 정책이 있는지 따져봄.

b. 논제를 둘러싸고 있는 사회적 배경 살펴보기

② 논점 구축

a. 논제에 대해 '예/아니오'에 해당하는 답 찾아보기

b. 관련성이 깊은 답끼리 연결하기

c. 연결 지은 답을 토대로 가설 세우기

- 분류한 답의 중요도 결정
- 핵심 용어의 개념 규정
- 논제의 대립 축을 중심으로 대립적 쟁점 찾기
- 공유점과 쟁점 구분하기
- 가설 검증하기

③ 논거 찾기

a. 논거는 근거 자료를 바탕으로 주장이 옳다는 이유를 들어 보증해주는 역할을 함.

b. 사회에서 통용되는 관습이나 상식, 보편적인 가치, 검증된 판단이나 축적된 경험, 법률적 규정, 자연의 법칙, 언어적 정의 등이 해당됨.

c. 논거 보강: 논거의 정당성을 확고하게 지지해주는 것. 통계, 증언, 가치 기준 등

d. 유보 사항: 주장이 타당하지 않거나 적용되지 않는 예외적인 경우를 말함.

e. 확률치: 주장의 타당성이나 정당성의 정도를 나타냄.

토론의 쟁점은 논제에 내재된 비판적 주장들로 증명의 부담이 있는 찬성 측에서 제시한다. 찬성측은 토론의 전체적 방향을 결정하는 핵심 요소들을 쟁점으로 주장하고 반대 측은 이 중 한 가지 이상에 대해 성공적으로 논박해야 토론을 승리로 이끌 수 있다. 토론의 쟁점으로는 필수 쟁점, 잠재적 쟁점, 인정된 쟁점, 실제 쟁점, 최종 쟁점 등이 있다. 이 중 필수 쟁점(stock issue)은 찬성 측이 논제에 내재되어 있어 반드시 설정해야 한다고 주장하는 사실 혹은 가치와 관련된 진술이다. 가치 논제일 경우 필수 쟁점은 다시 정의적 쟁점(definitive issues)과 지시적 쟁점(designative issues)으로 구분된다.

정의적 쟁점	가치와 관련하여 주요 용어의 정의는 무엇이며 주장된 가치 판단의 기준은 무엇인지 제시하는 것 예) '인간 복제는 금지되어야 한다'라는 논제의 경우 인간 복제의 개념을 규정짓고, 인간 복제가 비윤리적이라는 근거를 제시
지시적 쟁점	가치와 관련하여 제시된 사실이 개념 정의에 부합되는지 밝히고, 이 경우 동일한 가치 판단이 적용되는지 타당성 여부를 제시하는 것 예) 배아 복제를 제시할 경우 배아 복제가 인간 복제와 동일선상에 놓여 있다는 점을 여러 자료를 통해 입증하고, 그 결과 '배아 복제를 포함한 인간 복제가 금지되어야 한다'는 가치 판단의 타당성을 제시

정책 논제의 경우 필수 쟁점을 제시할 때 '정당화(justification)', '방안(plan)', '이익(advantages)'의 세 가지 요소를 포함시킨다.

정당화	제시된 문제가 현 상황 내에 지속적으로 내재하는 문제인가? 제시된 문제가 현재는 물론 미래에까지 심각한 결과를 가져올 것인가?
방안	제시된 방안이 실행 가능한 것인가? 제시된 방안이 당면 문제를 해결할 수 있는 것인가?
이익	제시된 방안이 사회적인 이익을 낳을 것인가? 정책으로 야기될 이익이 불이익보다 클 것인가?

2) 개념 정의

토의와 토론은 논제에 등장하는 주요 개념들을 바르고 정확하게 정의하는 것에서부터 시작한다. 개념을 정의하는 방법은 다음의 몇 가지로 나누어 볼 수 있다. ('부정부패'라는 용어의 개념을 중심으로 살펴봄.)[88]

- **사례 제시**: '부정부패란 전직 대통령 비자금 사건과 같은 경우를 말한다'와 같이 구체적 사례를 제시하는 방법. 제시된 사례로 인해 개념의 폭이 협소해질 우려가 있음.
- **일상적 용어 사용**: '부정부패란 뇌물을 말한다'는 식으로 일상에서 친숙하게 사용되는 용어로 대체함. 단, 이 경우에는 일상적 의미가 사람, 조직, 문화에 따라 다르게 해설될 수 있음.
- **권위의 인용**: '부정부패란 김 모 교수에 의하면……'과 같이 용어에 대한 백과사전적 정의와 함께 저명한 저자에 의한 책이나 논문을 인용하여 정의를 내리는 방법
- **조작적 정의(operational definition)**: '부정부패란 개인 비리가 아닌 제도적 차원에서 조직적으로 이루어지는 비리를 의미한다'라고

88) 강태완 외, 앞의 책, 38-40쪽 참조.

정의함으로써 부정부패의 범위를 제한하는 방법. 용어 사용자는 특정한 상황에서 특정한 목적을 제시하기 위해 조작적 개념 정의를 사용함. 복잡한 사안을 단순화하여 이후 당사자의 정책적 방안과 연계된 개념을 제시할 때 주로 활용.

- **부정에 의한 정의**: '단돈 만 원이라도 공무 수행과 관련하여 부당하게 금품이 오고갔다면 부정부패가 척결되었다고 볼 수 없는 것이다'라고 하여 '척결되지 않은' 경우를 제시하여 '척결'의 개념을 정의내리는 방법
- **비교와 대조**: '부정부패 척결 조치라 함은 마치 경제에서의 금융실명제와 같은 개혁적인 정책의 도입을 말한다'라고 설명함으로써 경제 차원에서 지하 금융을 양성화시키는 조치와 유사한 정책이 공직 사회의 부정부패를 척결하기 위해 도입되어야 한다는 것을 쉽게 연상시키는 방법
- **어원의 제시**: '척결이라 함은 어원상 살을 긁어내고 뼈를 발라내는 것을 의미하는 것으로……'와 같은 경우가 이에 해당됨. 용어의 역사를 거슬러 올라가 원 뜻을 제시함으로써 개념을 명료화하는 방법

3) 주장과 논증

토의 · 토론의 흐름표에는 각 쟁점과 관련된 주장(claim)과 논거(warrant), 자료(data) 등이 제시되어야 한다. 주장은 어떤 사람이 정당화시키고자 하는 논증의 결론이자 목적이다. 따라서 주장은 서술문으로 표현하고 가치판단이 포함되어야 하며, 논쟁적일수록 좋다.[89] 주장은 사실을 진단하

89) 김복순, 앞의 책, 138쪽.

는 내용을 담은 '진단성 주장(약한 주장)'과 해결 방안과 관련된 강한 요구를 담은 '요구성 주장(강한 주장)'으로 나눌 수 있다.[90] 예비토의 단계에서는 주장과 논거, 자료들을 정리한 후, 각 주장에 대한 이견이나 반박이 가능한지 점검한다. 그리고 논제와 관련한 문제에서 가장 심각한 문제가 무엇인지 우선성의 측면에서 논의한 후 해결책을 모색한다. 해결책이 제시되면 우선성을 고려하여 가장 현실성 있는 대안을 제시한다.

쟁점, 주장, 논거, 자료 구성의 예[91]

토의 논제	청년실업, 이대로 둘 것인가?
쟁점 1	경기침체의 문제
주장	정부는 경기침체에서 오는 인력 수급 불균형의 문제를 해결해야 한다.
논거	경기침체는 소비 감소, 생산량 감축 등 일자리를 줄어들게 한다.
자료	현재 우리나라는 IMF 경제 위기 때보다 심각한 경기 침체 상태이다.

한편 토론 과정은 일종의 실용적인 논증을 전개하는 의사 결정 과정이다. 아카데미 토론 역시 특정 논제에 내재하는 구체적인 사실에 근거하여 논리적인 추론을 전개하는 과정이라 할 수 있다. 토울민(Toulmin)의 설명에 따르면 논증이란 받아들인 사실로부터 논거를 통해 주장으로 이동하는 것을 의미한다. 사실, 주장, 논거를 기본으로 구성된 토울민의 논증 모델[92]을 살펴보면 다음과 같다.

---

90) 위의 책, 140쪽.
91) 위의 책, 220쪽.
92) 최형용 외, 『열린 세상을 향한 발표와 토론』, 박이정, 2009, 182쪽.

사실(grounds, data)	논증이 기초로 하고 있는 자료나 정보로서 목표인 주장에 이르는 수단
주장(claim)	어떤 사람이 정당화시키고자 하는 논증의 결론이자 목적
논거(warrant)	사실로부터 주장으로의 논리적 이동이 적법한 것인가를 평가하는 기준
논거 보강(backing)	논거에 포함된 가정을 확인해 주기 위한 추가적인 증빙 자료, 상대방이 액면 그대로 논거를 받아들이지 않을 경우 제시함.
유보 조건 혹은 반증 (reservation or rebuttal)	사실이 주장을 정당화시키지 못하는 구체적인 상황이나 조건을 제시하는 것. 유보 조건은 주장이 정당하게 받아들여질 수 있는 영역이나 조건을 미리 제한함으로써 주장에 대한 안전장치 역할을 함과 동시에 주장에 방해가 되는 반론을 예단하는 기능을 함.
확률치(modality)	사실로부터 논거로의 비약이 지닌 강도를 나타내는 것. '아마도', '분명히'와 같이 주장의 확률을 나타내는 표현이 이에 해당됨.

4) 자료 수집과 정리

논제를 분석한 후에는 자료를 수집하고 정리하여 논거를 뒷받침할 수 있도록 해야 한다. 학생들이 활용할 수 있는 자료 수집 방법으로는 인터넷 자료 검색, 문헌 자료 조사, 설문 조사, 면담과 인터뷰, 현장 실태 조사 등이 있다. 다양하고 풍부한 자료는 논거를 탄탄하게 하고 주장의 설득력을 높여준다. 효율적인 자료 수집을 위해서는 초점을 맞추어 찾는 전략이 필요하다. 토의, 토론의 논제를 다루고 있는 내용뿐 아니라 자신의 입장과 상대측 입장을 다루는 내용, 자신의 주장을 뒷받침할 수 있는 사례 및 통계 자료, 전문가의 견해 등 활용할 수 있는 적절한 자료가 무엇인지 찾아본다. 자료 수집이 이루어졌다면 논제와 관련된 자료를 선별

한다. 논제에서 다루고 있는 문제의 배경, 원인 및 결과를 다양한 입장에서 찾은 후 정리하되 그 문제의 중요도에 따라 분류한다. 자료 수집 후에는 논거로서 가치가 있는지를 검증해야 한다. 정리한 자료를 인용하려면 반드시 자료의 출처를 밝혀야 자신의 생각과 인용한 자료가 구분될 뿐만 아니라 신뢰성을 확보할 수 있다.

자료 활용 시 유의사항[93)]

용어와 개념 정의	논리적 정의, 어원 및 역사적 정의, 조작적 정의, 부정 또는 반대를 통한 정의, 권위에 의한 정의, 예시에 의한 정의
예시 활용	• 요점을 설명하고 입증할 수 있는 사실적 예시 - 충분한 예를 제시하였는가? - 제시된 예가 대표성이 있는가? - 반대의 예에 대해서도 설명이 가능한가? • 현재의 상황에 적합한 가상의 예시 • 예시에 사용할 내용의 분량 결정
요점의 정량화 및 통계적 증거 활용	• '누가, 왜, 언제, 어떻게'를 확인함으로써 통계적 자료의 정확성 검증 • 오해를 일으킬 만한 통계 자료 피하기 • 숫자나 통계의 의미를 명확히 설명
권위자의 증언 활용	• 권위의 신뢰성 검증 - 권위자가 필요한 정보에 접근할 수 있는 사람인가? - 권위자가 자료를 해석할 수 있는 해당 분야의 전문가인가? - 권위자가 편견이 없고 이해관계로부터 자유로운가? • 인용 시 의미가 왜곡되지 않도록 유의하고 요점을 유지

93) 최형용 외, 앞의 책, 203쪽.

3.2.2. 토의 · 토론의 실제

1) 토의의 실제

(1) 토의의 흐름

문제 해결 과정으로서의 토의는 토의자들이 함께 결정해야 할 문제를 선정하고, 분석한 후 논의된 해결 방안 중 가장 합리적인 최선의 방안을 결정하는 과정으로 구성된다. 토의의 기본적인 흐름은 다음과 같다.

논제 제시 ⇒ 논제 분석 ⇒ 해결 방안 제시 ⇒ 최선의 방안 선택 ⇒ 실행 방안 모색

토의의 원리와 방법을 익히기 위한 교육 토의의 경우 토의에 대한 이론을 배운 후 적용하는 실습 기회가 되며, 토의에 대한 평가까지 청중과 함께 실시함으로써 토의 전 과정을 분석, 정리하는 과정도 포함한다. 교육 토의[94]는 토의 전 단계와 토의 후 단계를 둔다는 특징이 있으며 예비토의와 평가 과정이 강조된다. 예비토의는 모든 학생들의 적극적인 참여를 이끌어내기 위한 것으로, 토의 참여자와 일반 청중에 해당되는 학생들이 서로 분리하여 자유롭게 토의 논제를 검토하는 과정이다. 이 때 토의자와 수강자는 토의 전략이 노출되지 않도록 다른 공간에서 토의 전략을 세우는 것이 좋다. 또한 예비토의는 실제 토의를 효율적으로 진행할 수 있게 해 주고 토의조가 얼마나 합리적으로 토의하는가를 객관적으로 평가할 수 있도록 평가 기준도 제공해 준다. 이러한 내용들은 모두 플로

94) 교육 토의에 대한 설명은 김복순, 『발표와 토의』, 태학사, 2015, 206-207쪽 참조.

우 차트(flow chart)에 포함시킨다. 교육 토의의 단계와 내용[95]을 살펴보면 다음과 같다.

교육 토의의 단계와 내용

단계	내용
준비하기	• 조 편성 및 논제 선정 • 현 상황 진단과 분석 • 논제 준비 • 전략 수립
예비 토의	• 현 상황/ 원인 분석/ 해결책/ 실천 방안 검토
토의하기	• 토의
청중과의 질문 답변	• 청중, 토의조, 평가조 간의 질문 답변
평가하기(평가조)	• 원인, 해결책, 토의의 질적 수준 등의 분석과 평가 • 토의 과정에 대한 말하기 분석과 평가 • 평가에 대한 이의 제기, 재평가
정리하기(교수자)	• 교수자의 최종 정리

(2) 토의에서의 역할 정하기

토의에서 모든 구성원들의 적극적인 참여를 유도하기 위해서는 조원 각각에게 일정한 역할을 부여하는 것이 좋다. 토의자의 주요 역할[96]은 다음과 같다.

95) 위의 책, 206쪽.
96) 권낙원 · 박일수, 앞의 책, 94쪽.

회의 진행자 (facilitator)	• 참가자들의 창조적 활동을 유도하고 자유롭게 의견을 이끌어 내며 토의를 진행한다. • 토의 의제 설정, 발언 정리, 정보나 해결책 요구, 평가 요구, 종합 등의 역할을 담당한다. • 토의자들에게 발언의 기회를 공정하게 배분한다. • 논점을 일탈한 내용은 제지하고 토의 내용을 요약 정리해가며 전달한다. • 중립적이며 포용성을 갖추어야 하며 토의 분위기 조성을 위해 노력해야 한다.
시간 관리자 (time-keeper)	• 토의가 진행되는 동안 각 의제에 할당된 시간을 조정하면서 이를 진행자에게 알려 시간관리가 잘 되도록 한다.
파킹랏 관리자 (parking lot)	• '파킹랏'이란 토의에서 처리하지 못하는 안건을 보류하는 것을 말한다. 파킹랏 관리자는 파킹랏에 넣어 둔 내용을 정리해 두었다가 토의가 끝날 때 이를 보고하고, 필요하면 차후 토의의 안건으로 관리하기도 한다.
질문자 (prober)	• 주장된 의견에 대하여 깊이 탐구할 수 있는 질문을 한다.
정리자 (clarifier)	• 학생들이 토의한 내용을 명확하게 재정리한다.
기록자 (recorder)	• 토의 활동을 기록한다.

(3) 토의 실습 - '원탁 토의'

원탁 토의는 가장 일반적인 토의의 형식이다. 원탁 토의는 특별히 정해진 규칙이 없기 때문에 학생들이 부담감 없이 접근할 수 있는 방식이다. 그러나 원탁 토의도 아무런 준비나 절차 없이 진행된다면 효과적으로 진행되기 어렵다. 수업시간에 적용할 수 있는 한 가지 모델을 제시하면 다음과 같다.[97)]

- 간단한 읽을거리를 주고 그에 따른 질문에 대한 답을 준비해 온다.
- 5~6명의 학생들이 둥그렇게 앉아 각 질문들에 대해 의견을 나눈다.
- 커다란 종이에 자기 조의 의견을 간단히 적는다.
- 조별 토의가 끝나면 각 조에서 한 명씩 나와 조에서 작성한 종이를 붙이고 자기 조에서 나누었던 의견을 발표한다.
- 조별 발표가 끝나면 학생들이 스티커를 붙이는 방식으로 가장 우수한 조를 선정한다.
- 토의 후 각 학생들은 자신의 조원들에 대해 상호 평가표를 작성하고 지적 사항을 본인에게 피드백한다.

원탁 토의 진행 시 의견 수렴이 안 되어 구심점을 잃는 것을 막으려면, 마지막 질문 단계에서 경우 조원들이 의견 통일을 유도하는 질문을 제시해 주는 것이 효과적이다. 예를 들어 주제어에 대한 정의를 내리거나 또는 문제에 대한 구체적 해결책을 제시해 보도록 하는 것이다. 토의 후의 발표도 개념 정의나 해결 방향 등을 중심으로 진행되어야 각 조 사이의 차이를 구별하기 용이하다.

학교에서의 토의 활동이 앞으로의 사회생활에서 이루어질 토의를 연습하기 위한 것이라면, 토의 능력의 향상을 위해서는 올바른 평가를 받는 것이 효과적이다. 따라서 토의 참여자들은 상호 평가서를 작성하여 서로의 장단점을 적어주고 그 내용을 후에 본인이 돌려받고 점검하는 과정이 필요하다.

97) 장혜영, 앞의 책, 75쪽.

(4) 토의 실습 - '협동학습 토의'

협동학습 토의 혹은 지그소(Jigsaw) 토의는 과제 분담형 학습 토의라고도 불린다. 이것은 어떤 주제에 대해 토의하기 위해 그 주제에 대한 내용을 나누어 각자 조사해 온 후 모여 토의하는 방식이다. 협동학습 토의에서는 원소속 집단의 활동과 전문가 집단의 활동을 중심으로 토의가 이루어진다. 토의 전반부에는 같은 사건을 조사한 사람들끼리 먼저 모여 자신들이 조사한 내용에 대해 심화학습을 한다. 그리고 자신의 모집단으로 돌아간다. 자신의 원소속 집단(모집단)에서 그 사건에 대해 조사한 사람은 자신밖에 없으므로 다른 조원들에게 책임지고 설명을 해야 한다. 조원들이 돌아가며 설명을 하고 나면 그 사항을 바탕으로 전체 주제에 대해 토의를 한다. 협동학습 토의는 조원들 전체의 참여를 이끌어낼 수 있고, 각 참가자는 객관적 설명을 하는 기회가 된다. 또한 토의 모델을 만들려면 한 사건에 대한 다양한 조사가 바탕이 되어야 하므로 비판적, 분석적 사고에 대한 훈련이 가능하다. 토의 후에는 자신의 조에서 나누었던 내용과 토의 진행사항에 대해 정리하는 작업이 필요하며 위의 원탁토의와 같은 방식으로 상호 평가를 하여 서로에게 피드백을 해준다. 협동학습 토의의 절차는 다음과 같다.

과제 제시 및 집단 편성 ⇒ 전문가 과제 학습 ⇒ 전문가 집단 활동 ⇒ 원소속 집단 활동 ⇒ 개인별 평가

2) 토론의 실제

(1) 토론의 흐름

토론의 기본적인 과정은 '입론', '확인 질문', '반론', '최종 발언'으로 이루어진다. 이 네 가지 과정의 조합에 따라 다양한 토론 유형이 만들어진다.

입론	⇒	확인 질문	⇒	반론	⇒	최종 발언

널리 활용되는 CEDA식 토론(교차 질문형 토론)의 순서를 살펴보면 다음과 같다.

	찬성 측	반대 측
입론	① 갑 입론(8분)	② 을 확인 질문(3분)
	④ 갑 확인 질문(3분)	③ 갑 입론(8분)
	⑤ 을 입론(8분)	⑥ 갑 확인 질문(3분)
	⑧ 을 확인 질문(3분)	⑦ 을 입론(8분)
반론	⑩ 갑 반론(4분)	⑨ 갑 반론(4분)
	⑫ 을 반론(4분)	⑪ 을 반론(4분)

아카데미 토론에서는 일반적으로 사회자가 없는 것이 원칙이나 토론의 진행을 원활하게 하기 위해 사회자가 있는 토론 형식을 정할 수도 있다. 사회자가 있는 토론의 순서[98]를 살펴보면 다음과 같다.

98) 이정옥, 앞의 책, 147쪽.

사회자: 개회사 및 토론 논제 소개(2분)
토론자 소개(1분)
양 팀: 갑 입론(각 팀 2분, 찬성 측 먼저 발언)

	찬성 측	반대 측
1라운드	② 병 반론(2분)	① 을 확인 질문(2분)
1라운드	③ 을 확인 질문(2분)	④ 병 반론(2분)
1라운드	숙의 시간(1분)	
2라운드	⑤ 갑 확인 질문(2분)	⑥ 을 반론(2분)
2라운드	⑧ 을 반론(2분)	⑦ 갑 확인 질문(2분)
2라운드	숙의 시간(1분)	
2라운드	⑩ 병 최종 발언(2분)	⑨ 병 최종 발언(2분)

사회자: 마무리(2분)

사회자의 역할

- 토론이 원활하게 진행되도록 철저하게 준비한다.
- 토론 논제를 분명히 파악한다.
- 전체 참가자의 발언을 이끌어 내고 참가자들의 발언과 수위 등을 조절한다.
- 청중들이 논제에 대해 관심을 갖도록 유도한다.
- 토론자들이 규칙과 순서를 잘 지키도록 유도하고 논제에 합치되지 않는 논의는 막는다.
- 진행 상황을 요약하고 내용을 정리하며 종결하는 역할을 한다.
- 공정하게 진행하며 정해진 시간 내에 토론이 끝나도록 시간을 잘 관리한다.

(2) 토론의 각 단계

① 입론

찬성과 반대 양측에서 가장 먼저 자신들이 주장하는 바를 피력하는 부분이 입론[99]이다. 입론은 각 측의 첫 발언이자 일종의 입장 표명이므로 가장 명확하게 전달해야 한다. 명확한 전달을 위해서는 첫째, 무엇을 말하려는지 전체 내용을 미리 말해주며, 둘째, 어떤 단계나 과정을 따라 말하고 있는지 밝히며, 셋째, 마지막에 요약을 해 준다. 아카데미 토론에서 입론은 미리 원고를 준비하여야 하며(총 7분 기준으로 볼 때 약 3,000자 내외의 대본), 쟁점은 약 3~4개로 구성하는 것이 좋다.

입론 시 유의사항

- 논제에 대한 설명을 먼저 해야 한다.
- 논제와 관련된 기본 개념들을 명확하게 정의해야 한다.
- 필수 쟁점들을 제시해야 한다.
- 모든 논거를 제시해야 한다.
- 문제를 해결할 수 있는 가장 합리적인 방안을 제시한다.

a. 찬성 측 입론

- 논제의 범위를 제한하고 용어의 개념을 정의한다. (논제가 등장하게 된 역사적, 이념적, 철학적 배경, 논제의 현상 및 문제에 관한 분석을 명확하게 제시해야 함.)
- 찬성 측 입론자는 증명의 부담을 가지므로 토론 논제가 왜 중요한지 밝혀야 한다.

99) 한상철, 『토론』, 커뮤니케이션북스, 2006, 109쪽 이하 인용.

- 찬성 측의 주장이 나오게 된 이유, 그 주장을 실천 가능하게 하는 전략, 예상되는 어려움 등을 충분히 고려하고 있음을 밝혀 청중을 설득할 수 있어야 한다.
- 찬성 측이 주장하는 정책의 실행으로 문제가 해결될 것임을 밝히고 정책 실행을 통해 얻게 되는 공동체의 이익을 설명할 수 있어야 한다.

찬성 측 입론에서의 시간 배분 모델[100)]

찬성 측 첫 번째 입론	시간
1. 용어 정의와 기준 제시	0.5분
2. 전체 주장의 윤곽 제시	0.5분
3. 중심 주장 개진	5.5분
4. 요약	0.5분
	총 7분

찬성 측 두 번째 입론	시간
1. 용어와 기준에 대한 비판 대응	1.5분
2. 찬성 측 주장의 개요 반복과 반대 측이 무시했거나 반박하지 못한 점을 지적하여 반대 측 주장 반박	1.5분
3. 찬성 측 주장 확장과 재정립	3.5분
4. 요약	0.5분
	총 7분

b. 반대 측 입론

- 찬성 측의 용어와 개념 정의를 점검하여 반대 측에 유리하도록 재정의할 수 있다.
- 찬성 측에 반대하는 자신의 주장을 제시한다.
- 찬성 측의 주장을 조목조목 비판한다.
- 문제 인식에서는 찬성 측과 같은 입장이지만 찬성 측과는 다른 대

100) 한상철, 앞의 책, 115쪽.

안, 해결책을 제시한다. 이때는 보통 반대 측의 첫 번째 토론자의 입론에서 제기하며 반대 측이 대체 방안에 대한 입증의 책임을 갖는다.

〈반대 측 입론에서의 시간 배분 모델〉[101]

반대 측 첫 번째 입론	시간	반대 측 두 번째 입론	시간
1. 반박(용어 정의에 대한 유일한 기회)	1.5분	1. 찬성 측을 반박하는 중심 문제의 개요	1.5분
2. 반대 측 전체 주장 윤곽 제시	0.5분	2. 반대 측 주장 개요 반복, 찬성 측이 반박하지 못한 점 지적	1.5분
3. 중심 주장 개진	4.5분	3. 반대 측 주장 확장과 재정립	3.5분
4. 요약	0.5분	4. 요약	0.5분
	총 7분		총 7분

② 확인 질문

확인 질문은 '교차 질문', '상호 질문', '심문'이라고도 하며, 입론이나 반론에서 발언한 내용에 대해 질의하고 응답하는 과정이다. 확인 질문은 토론에서 쟁점의 방향을 제시하고 쟁점을 설정하는 역할을 한다. 또한 상대측의 주장을 경청한 후 문제점을 파악하고 그로부터 상대의 논점이나 논거의 허점을 찾아 자신의 입장을 강화하거나 토론의 흐름을 주도할 수 있도록 해 준다. 확인 질문의 내용과 방법은 다음과 같다.

■ 상대 팀이 발언한 내용에 대해서만 질문한다.

101) 위의 책, 148쪽.

- 상대 팀이 내세운 논점이나 발언 내용의 허점에 대해 질문한다.
- 논점을 뒷받침하는 논거의 타당성에 대해 질문한다.
- 발언 내용을 단순히 확인하는 질문이나 모호하게 대답할 수 있는 질문은 피한다.
- 짜임새 있게 단계별로 질문한다. (가령, 첫 번째와 두 번째 질문은 인용, 자료, 근거 등의 사실 확인을 한 후 세 번째 질문은 핵심 쟁점에 대한 질문을 통해 논리의 허약함을 드러내는 전략을 취할 수 있다.)
- 상대방이 '예/아니요'로 답변할 수 있도록 단답형의 질문을 한다.
- 일련의 질문은 어떤 결론에 도달해야 한다.
- 질문자는 토론의 윤리를 지켜 예의 있는 태도로 질문해야 한다.
- 답변자는 성실하게 답변할 의무가 있다.

③ 반론과 대체 방안

반론은 토론에서 다루고 있는 쟁점들 중 중요한 것을 대상으로 주장의 우위를 밝힘으로써 청중을 설득하는 핵심적인 단계다. 반론에서 강조하는 쟁점에 따라 토론의 성패가 갈라질 수 있으므로 상대방의 논점 중 어떤 것부터 어떻게 반론할 것인지에 대해 전략을 세워야 한다. 반론에서는 주로 상대방 주장의 허점이나 부족한 점을 지적하면서 오류를 밝히고, 자신의 주장이 나온 배경, 대체 방안 등을 설명한다. 찬성 측이 증명의 부담이 있는 것처럼 반대 측은 반증의 부담을 안고 있다. 아카데미 토론의 반론에서는 앞서 언급하지 않은 논점을 언급하면 안 된다는 것을 기본 원리로 삼는다. 또한 상대방이 자신의 약점에 대해 합리적인 비판을 했다면 유연하게 수용하고, 더불어 자신 또한 상대의 주장이나 의견에 대해 타당한 근거를 가지고 건전하게 비판하는 태도를 취해야 한다. 반론으로 취할 수 있는 방법[102]은 다음과 같다.

- **논제 관련성**(topicality): 반대 측은 찬성 측이 제시한 논의가 본 토론 논제에서 벗어났다고 주장하는 것. (가령, 논제가 생명복제 문제인 경우 찬석 측이 배아복제를 논의한다면 이를 반박)
- **일반화**(generalization): 반대 측은 찬성 측이 제시한 논거만으로는 주장을 정당화하기에 역부족이라고 반박하는 경우
- **비전형성**(atopically): 찬성 측이 제시한 논거가 논제와 무관하며 예외적인 것이라 반박하는 경우
- **개념 정의**(definition): 찬성 측이 제시한 개념 규정이 합리적이지 않을 때 개념 규정 자체를 반박하는 경우
- **판단 기준**: 가치 토론의 경우 찬성 측이 제시한 기준과 다른 판단 기준을 제시하여 설득하는 경우
- **가치 판단의 타당성**(application): 찬성 측이 제시한 가치나 유사 정책이 이 논제에 적용되지 않는다는 사실을 논박하는 경우(가령, 인간 복제의 경우 상대측이 인간 윤리라는 가치 기준을 들었을 때, 경제적 차원에서 과학 기술의 선진화라는 다른 차원의 가치 기준이 적용될 수 있다는 것을 증명하는 방식)
- **필수 쟁점**: 반대 측은 찬성 측이 제시한 필수 쟁점 중 중요성이나 지속성을 공박하거나 이를 받아들인 가운데 해결 가능성을 놓고 그 불이익을 따지거나, 나아가 정책적 대안을 놓고 더 많은 이익이

---

102) Freeley, A.J., *Argumentation and Debate, Belmont*, CA:Wadsworth(1996), pp.259-279; 강태완, 『토론의 방법』, 2003, 47쪽에서 재인용.

돌아오는 대체 방안을 제시할 수 있음.

반론에서의 시간 배분 모델[103)]

찬성, 반대 측 첫 번째 반박	시간
1. 상대 측 전체 주장의 중심 문제 지적	0.5분
2. 반박할 문제의 절반 제시	3분
3. 자기 측 주장 요약	0.5분
	총 7분

찬성, 반대 측 두 번째 반박	시간
1. 나머지 절반의 문제 제시	3.5분
2. 요약과 상대방과의 비교	0.5분
	총 4분

찬성 측의 필수 쟁점에 대해 반대 측이 취할 수 있는 입장은 크게 둘로 나뉠 수 있다. 첫째는 현 상태의 변화를 요구하는 찬성 측의 입장 자체를 반대하는 것이며, 둘째는 변화의 필요성은 인정하되 찬성 측이 제시하는 해결 방안과 다른 방안 즉 대체 방안을 제시하는 것이다. 대체 방안이 설득력을 지니기 위해서는 다음과 같은 요건을 모두 갖추어야 한다.

- 대체 방안은 찬성 측의 방안과 완전히 분리되어야 한다.
- 찬성 측의 방안보다 부작용이 적다는 사실을 증명할 수 있어야 한다.
- 찬성 측의 방안을 완전히 대체하는 것이어야 한다.
- 찬성 측의 방안과 동시에, 순차적으로 또는 영역별로 병행하는 것이 아니어야 한다.

한편, 이와 같이 반대 측이 대체 방안을 도입할 경우 찬성 측이 취할

103) 한상철, 앞의 책, 160쪽.

수 있는 방법은 다음과 같다.

- 반대 측이 제시한 대체 방안이 찬성 측이 제시한 방안과 병행할 수 있거나 찬성 측 방안에 흡수될 수 있음을 증명한다.
- 대체 방안 자체가 실현 가능성이 없음을 입증한다.
- 반대 측의 대체 방안이 찬성 측의 방안보다 더 많은 역효과를 낳을 수 있음을 입증한다.

④ 최종 발언

최종 발언은 토론한 내용을 간략하게 요약 · 정리하고 토론 논제에 대한 자신의 입장을 청중에게 다시 한 번 인상적으로 강조하는 단계이다. 최종 발언의 순서[104]는 다음과 같다.

a. 논제에 대한 찬성 측/반대 측의 입장과 논점을 간략하게 정리한다.
b. 찬성 측/반대 측의 논점에 대한 상대의 반박을 간략하게 정리하고 이에 대해 찬성 측/반대 측의 전체적인 입장을 밝힌다.
c. 토론 내용을 압축적으로 담을 수 있는 비유나 일화 등을 활용하여 청중을 설득한다.

⑤ 토론 개요서와 토론 흐름표(flow chart) 작성

토론을 효율적으로 진행하기 위해서는 자신의 입장뿐 아니라 상대 팀의 입장에 대한 준비가 필요하다. 토론 개요서는 토론의 전체적인 흐름을 예측하여 전략을 세우고 논리적인 모순이 생기는 것을 막을 수 있도

104) 이정옥, 앞의 책, 79쪽.

록 해 준다. 토론 개요서는 논거-반론-재반론의 순서로 정리하여 상대 팀의 논거가 제시되었을 때 가능한 질문과 답변에 준비한다. 토론 개요서 작성 후에는 입론문과 최종 반론문을 준비한다. 입론 부분은 자신의 주장-논거-각 논거의 근거 순으로 정리한다. 최종 반론의 단계에서는 청중에게 선명한 인상을 줄 수 있는 비유나 일화 등을 들어 자신의 입장을 강조하기도 한다. 또한 토론 흐름표(flow chart)란 토론의 흐름을 내용별로 정리한 것으로, 자기 팀과 상대 팀의 논증 구조와 토론의 흐름을 한눈에 파악하여 토론을 주도적으로 이끌 수 있도록 해 준다. 토론 흐름표를 활용하면 토론 전략을 수정하거나 예상하지 못한 반론에 민첩하게 대비할 수 있다는 장점이 있다.

토론 개요서의 작성 순서와 요령[105]은 다음과 같다.

a. 배경 상황에는 논제를 둘러싼 사회적 갈등의 배경을 정리한다.
b. 논제에 대한 자기 팀의 입장(또는 찬성과 반대의 대립된 입장이나 관점)을 정한다.
c. 공유점을 확인한다.
d. 자기 팀의 입장에서 입론에 들어갈 전제, 핵심 개념, 논점, 논거를 정리한다.
e. 상대 팀의 입론을 예측하여 정리한다.
f. 자기 팀의 입론에 대한 상대 팀의 반론을 예측하여, 상대 팀의 반론 란에 적는다.
g. 상대 팀의 반론에 대한 대책을 자기 팀의 반론 대책 란에 적는다.

105) 이정옥, 앞의 책, 137쪽.

토론 개요서 형식

논제			
배경 상황			
입장			
공유점			
입론		찬성 측	반대 측
	전제		
	핵심 개념		
	논점		
	논거		
	기대 효과		
반론	예상 반론		
	대책		

토론 흐름표 예시

	찬성 측	반대 측
입론	① 입론(3분)	② 입론(3분)
반론	④ 반론(2분)	③ 반론(2분)
	⑤ 반론(5분)	⑥ 반론(5분)

최종 발언	⑧ 최종 발언(2분)	⑦ 최종 발언(2분)

(3) 토론하기

① **자리 배치**: 찬성과 반대 양 팀의 토론자들이 청중을 향해 서로 마주 보는 형태(찬성팀은 청중의 왼편, 반대 팀은 오른편)로 앉는다. 팀원들이 앉는 순서는 칠판을 기준으로 갑, 을, 병 순이며, 사회자가 있는 토론일 경우 사회자는 양 팀 가운데에 앉는다.

② **논제와 토론자 소개**: 본격적인 토론에 앞서 사회자는 논제와 토론자들을 소개한다.

③ **논점 알리기**: 토론 시작 전에 양 팀의 논점을 칠판에 적거나 인쇄물로 배부하여 청중이 토론의 흐름을 잘 따라갈 수 있도록 한다.

④ **토론하기**

a. 토론 규칙과 순서를 재확인하고, 자신의 역할을 숙지한다.

b. 토론 참여자들은 자기 팀의 입론을 한 부씩 준비하여 상대 팀의 반박에 대비하고 토론의 방향을 판단한다.

c. 팀원들끼리 서로 협력하여 논점을 놓치지 않도록 한다.

d. 토론 중 발언을 할 때는 사실과 의견을 분명하게 구분하여 말한다. 토론의 각 단계마다 시작과 끝을 분명하게 밝히고 구어체로 자연스럽게 말한다. 반론할 때는 상대방의 발언 내용을 요약한 후 그에 대해 자신이 반박하는 논거와 근거 자료를 말한다.

⑤ **토론 평가서 작성**: 청중이나 평가조가 되어 토론을 평가할 때는 다음과 같은 사항에 유의한다.

- 논제에 관한 자신의 관점이나 판단을 일시적으로 유보한다.
- 개인적인 취향이나 감정적 판단은 지양한다.
- 양 팀의 논점과 논거의 타당성을 비교하여 우열을 가린다.

⑥ **마무리**: 토론이 끝난 후에는 청중이 토론자들에게 질문하는 시간을 가질 수 있으며 교수자의 강평을 듣는다.

3.2.3. 토의 · 토론의 평가

1) 토의 평가

교육 토의에서 토의 과정을 평가하는 목적은 토의의 문제점을 진단하고 교정하여 토의 수업의 과정을 개선하는 데 있다. 이를 위해 교수자는 토의의 전 과정, 즉 준비, 실행, 결과 등을 종합적으로 평가하여 각 단계에서 발생하는 문제점을 찾아 피드백을 제공한다. 토의자 자신의 자기평가는 토의 활동 상황을 성찰하고 자신의 능력에 대한 이해를 향상시킬 수 있는 기회가 된다. 또한 상호평가는 토의 과정과 결과에 대해 동료가 평가하는 것으로, 서로 부족한 부분을 채워주고 장점을 촉진시키는 상호 협력적인 관계를 가질 수 있도록 한다.[106] 토의를 평가하는 기준은 토의의 형식과 유형에 따라 여러 가지가 있을 수 있으나 대표적인 예는 다음과 같다.

---

106) 권낙원 · 박일수, 앞의 책, 139쪽.

토의 평가표 예시[107)]

구분	평가 항목	○	×	판단 근거
토의 준비와 과정	토의 문제의 선정과 서술이 적절한가 토의자 선정과 역할을 사전에 알려 주었는가 토의 문제에 대해 사전에 연구했는가 수집한 증거 자료가 정확하고 신뢰성이 있는가 예상 쟁점을 잘 파악하고 있는가			
토의 사회자	토의 진행 방향을 목적에 맞도록 유도했는가 참가자들의 발언과 수위를 조절하고 있는가 전체 참가자들의 발언을 이끌어 내고 있는가 중립적인 태도를 취하고 있는가 중간중간에 토의 진행 사항을 간단히 요약했는가 논의된 것 중에서 중요한 안건들을 정리했는가 의견의 일치를 유도하여 최종적인 결론, 최선의 해결안을 찾아냈는가 참가자들이 정해진 시간과 규칙을 지키도록 유도했는가			
토의	토의에 적극적으로 참가했는가 주장하는 논거가 다양하고 타당한가 자료 조사는 충분한가 보편성 있는 근거를 제시하고 있는가 주장에 일관성은 있는가 논리적 반박, 상대방 논거의 모순을 지적하고 있는가 논리적 설득이 이루어졌는가 표현과 전달을 효과적으로 하는가 감정에 치우치지 않는가 상대방을 존중하며 인신공격을 하지 않는가 토의 내용이 주제에서 벗어나지 않았는가 가능한 모든 해결안을 충분히 고려했는가			

107) 이현국, 『대학생을 위한 화법의 이론과 실제』, 학문사, 2007, 220쪽.

자기평가서 예시[108]

평가 준거	매우 그렇다	대체로 그렇다	보통 이다	대체로 아니다	전혀 아니다
나는 토의 주제에 대해 관심을 가지고 토의 활동에 참여하였다.					
나는 토의 주제와 관련된 자료를 충분히 수집, 분석하였다.					
나는 토의에 적극적으로 참여하였고 조원들과 협력하였다.					
나는 주장을 뒷받침하는 이유나 근거를 적절하게 제시하였다.					
나는 상대방의 주장과 근거를 정확하게 이해하였다.					

토의 상호 평가표 작성의 예

조원	평가 항목				합계 (20)
	사전 준비(5)	내용(5)	발표 전달(5)	태도(5)	
	자료 수집 적합성	구체성 분석력 자료 충실	명확성 논리 일관성 효과성, 흥미성	듣는 태도 상호작용	
○ ○ ○	4	4	4	4	16
◇ ◇ ◇	3	4	4	4	15
□ □ □	3	3	3	4	13
× × ×	4	4	4	3	15

108) 권낙원 · 박일수, 앞의 책, 145쪽.

○ ○ ○	◇ ◇ ◇
- 적극적으로 토론에 참여하였다. - 미리 자료에 대해 분석하지는 않아 아쉽지만 그 자리에서 문제를 파악하고 적절한 답을 찾는 순발력을 가졌다. - 문제에 대해 적절한 예를 바탕으로 하여 자신의 주장을 효과적으로 전달했고 목소리 톤도 청자가 듣기에 적당했다. - 발언 시 한 사람만 보고 이야기해서 부담스러웠다.	- 소극적 태도로 의사 전달을 잘 못했다. - 자신의 의견을 말할 타이밍을 놓친다. - 자기의 의견을 말할 때 좀 더 자신감 있게 말하고, 적당한 몸동작도 필요할 듯하다. - 다른 사람이 발표할 때도 발표자와 시선을 피하는 등, 소극적인 행동으로 발표자와 상호작용을 못하는 것 같다. - 다른 사람의 의견에 반대 의견을 내는 것은 좋았다.
□ □ □	× × ×
- 자신의 의견을 잘 전달하지 못했다. 그 이유는 준비 부족에 있는 것 같다. - 발언 시 과도하게 웃어 신뢰감을 떨어트린다. - 적극적인 토론을 위해서는 보다 많은 발언과 체계적인 설명이 요구된다. - 첫 이미지가 착하고 편안하다는 느낌을 주기 때문에 위의 지적 사항을 보완하면 좋을 것 같다. - 자신의 의견을 말할 때 수동적인 느낌이 드는 점은 고쳐야 할 사항이다. - 반론이 나오면 그에 대해 다시 재반론을 하는 의견 피력 능력이 요구된다.	- 설정 주제에 대해 자신만의 생각이 다소 부족하다. 교과서적인 말투와 내용이 오히려 신뢰감을 떨어트린다. - 듣는 태도에서 소극적이고 집중하지 못하는 모습을 보여주었고 자신감도 부족한 것 같다. - 말을 할 때 목소리 톤이 약간 낮고, 소리가 작아 듣기가 불편하다. - 목소리에 힘을 주고 바른 자세로 말한다면 준비해 온 자료를 좀 더 정확하게 전달할 수 있을 것 같다.

2) 토론 평가

토론 평가의 기준은 다양하다. 미국 대학생 토론 협회(NDT)에서는 분석력, 사고력, 증거 제시 능력, 주장과 반박 제시의 조직력, 반박 능력, 전달력의 항목으로 나누어 평가한다. CEDA식 토론에서는 분석력과 정의 제시 능력, 증거 제시 능력, 반박의 효율성, 상호 질문의 적절성, 주장 개진의 구성력, 비언어적 요소까지 포함한 발언의 전달력, 언어 선택과 수사적 효과 등 7가지 관점에서 주로 토론을 평가한다.[109] 아카데미 토론의 평가는 토론 참가자들의 합리적인 사고 능력, 사고의 유연성, 치밀한 논리 전개 능력, 논제 분석 능력, 전달력 등을 종합적으로 평가한다. 토론의 평가 기준[110]을 살펴보면 다음과 같다.

<table>
<tr><td rowspan="3">논증력</td><td>용어 정의</td><td>논제에 사용되는 주요 개념들을 바르게 정의했는가
토론 과정에서 논의되어야 할 개념들을 적절히 제시했는가</td></tr>
<tr><td>구성과 논리 전개</td><td>입론, 교차 질문, 반론의 내용 구성은 충실했는가
각 부분의 논리 전개에 일관성이 있는가
자료의 제시가 명확하고 타당했는가</td></tr>
<tr><td>분석력</td><td>교차 질문과 반론의 과정에서 상대방의 논리를 잘 이해하고 분석했는가</td></tr>
<tr><td rowspan="2">비판적 사고 및 응용력</td><td>준비성</td><td>논제에 대한 심도 있는 준비가 이루어졌는가</td></tr>
<tr><td>반박 능력</td><td>준비된 자료로 상대방의 논리적 허점을 적절히 공격했는가</td></tr>
<tr><td rowspan="2">전달력</td><td>언어적 측면</td><td>정확한 어휘를 사용하고 청중을 주목하게 만들 적절한 수사법을 구사했는가</td></tr>
<tr><td>비언어적 측면</td><td>발음, 목소리의 강약, 말의 속도, 어조, 시선, 제스처 등이 적절하였는가</td></tr>
</table>

토론의 평가는 토론 참가자, 토론 사회자, 토론 진행 자체로 나누어 평가할 수 있다. 토론 참여자의 경우는 토론의 내용과 토론 태도로 나누

109) 강태완, 앞의 책, 57쪽 이하 참조.
110) 최형용 외, 앞의 책, 215쪽.

어 평가한다. 토론의 내용에 있어서는 문제를 정확히 파악하고 있는지, 다양한 방면에서 충분한 검토를 하였는지, 상대방의 주장을 정확히 파악하고 자신의 주장을 확고히 세웠는지, 논거가 분명하며 타당한 근거를 제시하는지가 평가의 대상이 된다. 토론 태도에 있어서는 자신의 의견을 정확히 전달하였는지, 토론 규칙을 잘 지켰는지가 평가의 대상이 된다.[111)]

토론 평가표 양식과 평가표 작성의 예를 살펴보면 다음과 같다.

토론 참여자와 사회자 평가표[112)]

작성자	
논제	
토론자	찬성 팀 :
	반대 팀 :
사회자	

	평가 기준	찬성 팀	반대 팀
공통항목	언어적 태도(목소리, 속도, 말투 등)의 적절성 토론의 예절과 규칙 준수 여부	각 단계별 평가에서 이를 반영하여 채점함 (+1, 0, -1)	
입 론	토론의 쟁점을 잘 포착했는가? 논점은 참신했는가? 논거가 적절한가? 논거가 타당한가?	점수: 1 2 3 4 5	점수: 1 2 3 4 5

111) 장혜영, 앞의 책, 136쪽.
112) 이정옥, 앞의 책, 159쪽.

확인 질문	토론의 쟁점을 분명하게 파악하는 질문을 했나? 상대방의 논리적 허점을 잘 짚었나?	점수: 1 2 3 4 5	점수: 1 2 3 4 5
반 론	상대방의 논리적 허점을 잘 지적했나? 반론의 논거는 타당한가? 반론거리를 모두 지적했는가?	점수: 1 2 3 4 5	점수: 1 2 3 4 5
최종 발언	토론의 핵심 쟁점을 잘 정리했는가? 자기 팀의 입장을 효과적으로 부각했는가?	점수: 1 2 3 4 5	점수: 1 2 3 4 5
	합 계		
사회자	논제의 의의를 잘 부각했는가? 토론의 규칙과 시간을 잘 지키도록 했는가? 토론의 내용을 잘 요약했는가?		
총 평			

2:2 CEDA 토론 평가서 예

논제 ______________________________

구분	찬성 측		반대 측	
	찬성 1	찬성 2	반대 1	반대 2
이름	○ ○ ○	◇ ◇ ◇	□ □ □	× × ×
입론 (10점)	① 5	⑤ 8	③ 7	⑦ 7
상호 질문 (10점)	④ 4	⑧ 5	⑥ 10	② 5

반박 (10점)	⑩ 4	⑫ 5	⑨ 9	⑪ 5
평가 이유	- 서로 연결되지 않는 예들을 주관적으로 하나로 묶어서 이야기해 억지로 끼워 맞춘다는 느낌이 든다. - 자신의 주관적인 생각으로 토론하다 보니 일관성이 부족하다. - 호소력 있는 목소리가 효과적 - 질문과 초점이 다른 답변을 종종 한다. - 질문과 자신의 주장을 명확히 구분하지 못함.	- 자신감에 찬 목소리가 좋다. - 단호한 인상을 주었으나 상호 질문에서는 너무 감정적으로 접근한다. - 최종 반론에서 호소력이 떨어짐 - 반론에 대한 답변이 효과적이지 못했다. 사실에 입각한 논거가 아닌 견해를 바탕으로 대답해 설득력 약화 - 자료를 완전히 숙지하고 있지 못하다는 느낌	- 침착함과 논리성이 뛰어나다. - 상대의 논리의 부적합한 부분을 정확히 짚어내고 있다. - 주장에 대한 근거들이 비슷하여 하나를 가지고 돌려 말하는 느낌 - 정확한 근거를 통해 반론을 해 효과적 - 순발력이 돋보인다. - 적절한 수사법, 비유법을 사용하여 효과적	- 입론에서 근거를 일목요연하게 제시한다. - 찬성 측의 반론에 일부 인정하는 모습이 보인다. - 시간 관리를 제대로 하지 못함 - 자세와 말투가 불안정하여 청중들을 집중시키지 못함 - 공감하기 쉬운 예를 사용하여 효과적 - 근거를 지나치게 일반화하는 경향
개별점수 (30점만점)	13	18	26	17
토론자별 순위	4	2	1	3
총점 (60점 만점)	31		43	

참고문헌

〈의사소통 부분〉

구현정, 『대화의 기법, 이론과 실제』, 경진문화사, 2001.
김복순, 『(개정신판)발표와 토의』, 보고사, 2011.
김상희 외 6인, 『문제 해결과 의사소통』, 가톨릭대학교 출판부, 2007.
김정현, 『설득 커뮤니케이션의 이해와 활용』, 커뮤니케이션북스, 2006.
박성창, 『수사학』, 문학과지성사, 2000.
오미영·정인숙, 『커뮤니케이션 핵심이론』, 커뮤니케이션북스, 2005.
이두원, 『논쟁-입장과 시각의 설득』, 커뮤니케이션북스, 2005.
이진경, 『철학과 굴뚝청소부』, 그린비, 2005(개정2판).
이현국, 『대학생을 위한 화법의 이론과 실제』, 학문사, 2007.
이호승 외 4인, 「효과적 의사소통에 필요한 언어적 요소」, 『2008 사회인을 위한 효과적 의사소통 교육 연구』, 국립국어원·MBC문화방송, 2008.
임영환 외, 『화법의 이론과 실제』, 집문당, 2000.
장혜영, 『발표와 토의』, 커뮤니케이션북스, 2012(개정판).
Roman Jakobson, 『문학 속의 언어학』, 신문수 편역, 문학과지성사, 1989.
Olivier Reboul, 『언어와 이데올로기』, 홍재성·권오룡 옮김, 역사비평사, 1995(3판).

〈발표 부분〉

김우룡 외. 『비언어적 커뮤니케이션론』, 나남출판, 2005.
김찬배, 『키맨 네트워크』, 다산북스, 2007.
고려대학교 사고와 표현 편찬위원회, 『대학 글쓰기의 이해』, 고려대학교 출판부, 2014.

서울대학교 대학국어 편찬위원회, 『대학국어』, 서울대출판부, 2005.
손경준 외, 『의사결정권자를 설득하는 프레전테이션』, 팜파스, 2003.
야하타 히로시, 『프리젠테이션 박사』, 나상억 역, 21C북스, 2002.
하우석, 『발표의 기술』, 한국경제신문, 2004.
한정선, 『프리젠테이션 하나의 예술』, 김영사, 2004.
함주한, 『프레젠테이션 상식 사전』, 길벗, 2008.
Diane Diresta, 『MBA에서도 가르쳐주지 않는 프레젠테이션』, 심재우 역, 비즈니스북스, 2007.
Garr Reynolds, 「프레젠테이션 젠」, 정순욱 역, 에이콘, 2009.
James C. Humes, 『링컨처럼 서서 처칠처럼 말하라-성공한 리더의 화술법칙』, 이채진 역, 시아출판사, 2003.
Jo Sprague, Douglas Stuart, 『발표와 연설의 핵심 기법』, 박이정, 2008.
Tony Jeary, 『인생은 프레젠테이션이다』, 노혜숙 역, 친구미디어, 2005.
Thomas K. Mira, Speak Smart, *The art of Public Speaking*, The Princeton Review, 1997.

〈토론 · 토의 부분〉

강치원, 『토론의 힘』, 느낌이있는책, 2013.
강태완, 『토론의 방법』, 커뮤니케이션북스, 2003.
권낙원 · 박일수, 『현장교사를 위한 토의수업의 이론과 실제』, 문음사, 2011.
김복순, 『(입증과 합의의 방법)발표와 토의』, 태학사, 2015.
김주환, 『교실 토론의 방법』, 우리학교, 2014.
박인기 외, 『토론 교육』, 한우리북스, 2014.
신재한 외, 『토의 · 토론교육의 이해와 실제』, 한국학술정보, 2012.
이정옥, 『토론의 전략』, 문학과지성사, 2008.
이현국, 『대학생의 위한 화법의 이론과 실제』, 학문사, 2007.
장혜영, 『발표와 토의』, 커뮤니케이션북스, 2012.

정문성, 『토론 · 토론 수업방법』, 교육과학사, 2011.
천대윤, 『토론 · 토론 회의 방법론』, 선학사, 2004.
최형용 외, 『열린 세상을 향한 발표와 토론』, 박이정, 2009.
한상철, 『토론』, 커뮤니케이션북스, 2006.

저자 소개

오은엽

이화여자대학교 국어국문학과를 졸업하고 같은 학교 대학원에서 현대문학으로 박사학위를 받았다. 이화여대 국어국문학과, 한국학과, 교육대학원 강사, 공주대학교 강사, 이화여대 언어교육원 전임강사, 목원대학교 교양교육원 조교수를 역임했고 현재 명지대학교 방목기초교육대학 자연교양학부 교수로 재직 중이다. 공저로 『1960년대 문학지평 탐구』, 『김유정과의 산책』, 『유학생을 위한 대학한국어1(말하기/듣기)』, 『유학생을 위한 대학한국어1(읽기/쓰기)』 등이 있으며, 논문으로는 「이청준 소설의 신화적 상상력과 공간」, 「김유정 소설에 나타난 정념의 기호학적 연구」, 「이제하 소설의 회화적 상상력 연구」, 「김유정의 〈봄 · 봄〉에 나타난 웃음문화와 외국인을 위한 문학교육」 등 다수가 있다.

육민수

성균관대학교 국어국문학과를 졸업하고 같은 학교의 대학원에서 문학박사학위를 받았다. 덕성여대 교양학부 초빙교수, 성균관대 대동문화연구원 연구교수, 대진대, 백석대, 성균관대, 아주대 강사 등을 역임했고 현재 명지대학교 방목기초교육대학 인문교양학부 교수로 재직 중이다. 저서로는 『조선후기 가사문학의 담론 양상』이 있으며 공저로는 『글쓰기의 원리와 실제』, 『창조적 사고, 개성적 글쓰기』, 『이야기로 풀어보는 한문의 세계』 등이 있다. 논문으로는 「18세기 가집 편찬의 두 가지 문제에 대한 탐색」, 「만언사의 담론 특성과 텍스트 형성」, 「중세 봉건 문학 담론의 근대적 변화상」, 「초한고사를 소재로 한 국문시가 장르의 실현 양상」 등 다수가 있다.

이영아

서울대학교 국어국문학과 및 동 대학원에서 문학박사학위를 받았다. 서울대학교 기초교육원 강의교수, 서울대학교 규장각 한국문화연구원 선임연구원, 건국대학교 몸문화 연구소 연구원 등을 역임하였고, 『중앙일보』에서 칼럼 「이영아의 여론女論」을 2년 남짓 연재했다. 현재 명지대학교 방목기초교육대학 인문교양학부 교수로 재직 중이다. 저서로는 『육체의 탄생』, 『예쁜 여자 만들기』, 공저로는 『일상 속의 몸』, 『애도받지 못한 자들』, 『사상가들 도시와 문명을 말하다』, 『동아시아 문화공간과 한국문학의 모색』, 『내 몸을 찾습니다』, 『내 친구를 찾습니다』 등이 있으며, 논문으로는 「문학작품에 나타난 한국 현대의료의 현실」, 「식민지 근대 여성문학 연구의 현황과 전망」, 「국어사 자료로서의 '개화기 소설'」 등 다수가 있다.

이영제

고려대학교 국어국문학과 및 동 대학원에서 문학박사 학위를 받았다. 고려대학교 BK21플러스 한국어문학사업단 연구교수, 고려대학교 민족문화연구원 연구원, 홍익대, 한림대, 고려대 강사 등을 역임했다. 현재 명지대학교 방목기초교육대학 인문교양학부 교수로 재직 중이다. 연구 논문으로는 「명사류의 명사성 판단 규준과 어근적 단어」, 「공간명사의 의존 용법과 규정 기능」, 「현대국어 역사 코퍼스를 이용한 언어 변화의 계량적 연구」, 「'로써'의 문법화 재론」, 「사회적 가치와 관련된 명사의 사용 양상과 네트워크 분석」 등이 있다.

장혜영

이화여자대학교 불문과를 졸업하고 파리 IV 대학에서 문학박사 학위를 받았다. 현재 명지대학교 방목기초교육대학 인문교양학부 교수로 재직 중이다. 저서로는 『발표와 토의』, 역서로는 『논증의 역사』, 『논술연습』, 『청소년을 위한 철학교실』 등이 있고, 논문으로는 「말하기, 듣기 교육의 현황과 발전방향 연구」, 「아카데미 토론 평가에 대한 재고찰」, 「신구논쟁의 수사학」, 「연애편지의 수사학」 등이 있다.

국립중앙도서관 출판예정도서목록(CIP)

사고와 표현 : 말하기 / 저자: 오은엽, 육민수, 이영아, 이영제, 장혜영, --
서울 : 명지대학교출판부, 2016
p. ; cm

ISBN 978-89-7335-389-7 93800 : ₩9000

사고(생각)[思考]
표현[表現]

802-KDC6
808-DDC23 CIP2016002919

사고와 표현 - 말하기

발행일 _ 2016년 2월 22일 초판
2020년 1월 30일 초판 3쇄
저 자 _ 오은엽 · 육민수 · 이영아 · 이영제 · 장혜영
발행인 _ 유병진

명지대학교출판부

서울특별시 서대문구 거북골로 34
전 화 (02) 300-1740
팩 스 (02) 300-1722
등 록 제 9-25호 1969. 10. 15
제 작 네오프린텍(주)

ISBN 978-89-7335-389-7 93800
값 9,000원